天然气产业科技创新
要素市场化配置模式

姜子昂　辜　穗　张　鸥　党录瑞　任丽梅　著

科学出版社

北京

内 容 简 介

本书围绕制约天然气产业深化改革的科技创新要素市场化管理以及价值量化评估与分配激励等问题，构建天然气产业科技创新要素市场化配置模式总体架构，明确天然气产业科技创新要素价值形成与实现机制、产业链技术谱系与价值指数，建立产业链科技成果市场化价值评估体系、经济价值与社会价值溯源分配评估模型，提出天然气产业科技创新成果交易平台建设策略、天然气产业科技创新要素市场化激励与额度测算方式。本书丰富了我国科技创新管理理论技术，可为天然气行业、能源行业及有关部门进行科技创新价值科学量化、科技奖励、科技人员收益分享激励，以及促进创新要素市场化配置提供理论技术支持。

本书适合石油、天然气、煤炭等能源系统的管理者和从业者阅读，也可供相关专业及领域的高校师生、研究人员参考。

图书在版编目(CIP)数据

天然气产业科技创新要素市场化配置模式 / 姜子昂等著. -- 北京：科学出版社，2024. 9. -- ISBN 978-7-03-079471-0

Ⅰ. F426.22

中国国家版本馆 CIP 数据核字第 202417EK50 号

责任编辑：韩卫军 / 责任校对：彭　映
责任印制：罗　科 / 封面设计：墨创文化

科 学 出 版 社 出版

北京东黄城根北街16号
邮政编码：100717
http://www.sciencep.com

四川煤田地质制图印务有限责任公司 印刷
科学出版社发行　各地新华书店经销

*

2024 年 9 月第 一 版　　开本：720×1000　B5
2024 年 9 月第一次印刷　　印张：14 1/2
字数：200 000

定价：186.00 元
（如有印装质量问题，我社负责调换）

前　　言

　　党的二十大报告明确提出，构建全国统一大市场，深化要素市场化改革，建设高标准市场体系。在社会主义市场经济条件下，深入推进创新驱动发展，必须加快完善社会主义市场经济体制，以完善产权制度和要素市场化配置为重点推进要素市场化建设，实现要素价格市场决定、流动自主有序、配置高效公平，为提升创新驱动发展潜能提供创新要素支撑保障。为此，国家先后出台了《关于构建更加完善的要素市场化配置体制机制的意见》以及《要素市场化配置综合改革试点总体方案》，其中不仅首次将人的要素、创新性要素、动产要素作为未来经济发展的核心推动要素，而且明确提出要提高劳动报酬在初次分配中的比重，构建充分体现知识、技术、管理等创新要素价值的收益分配机制。在此背景下，要素市场化已经成为国家深化体制改革、推动创新发展的重要政策指向，助力我国完善按劳动、资本、技术、管理等生产要素分配的体制机制。作为生产要素的重要组成部分，技术要素按价值贡献参与企业收益分配并实现创新激励，是深入推进创新驱动高水平科技自立自强的重要环节。

　　天然气产业作为典型的技术密集型产业，产业高质量发展是生产全要素(资本、劳动、技术、管理等)协同作用的产物，本质是要素组合创新实现价值增值的过程。推进我国天然气产业高质量发展，必须充分发挥科技创新第一动力作用，依靠创新要素价值导向的市场化改革，破解科技转化的"卡脖子"难题，推动形成技术需求牵引高质量技术供给、高质量技术供给创造技术需求更高水平的动态平衡，促进实现新旧动能的顺利转换和天然气产业高质量发展。基于此，本书围绕制约天然气产业深化改革的科技创新要素市场化管理以及价值量化评估与分配激励等问题展开研究，主要包括以下 8 个方面的内容。

(1) 科技创新要素市场化配置相关理论与研究现状。厘清科技要素价值管理相关概念及概念间的关系，从价值管理与价值分配理论研究、技术要素参与经济价值分配的激励、价值管理与价值分配研究与发展等方面梳理科技创新要素市场化配置研究现状与趋势，对国内外科技成果价值评估以及油气科技成果价值评估方法与实践进行分析。

(2) 天然气产业科技创新要素市场化配置模式构建。为适应中国特色社会主义分享经济发展的需要、深化认识生产要素协同创造价值以及单项科技成果经济价值定量评估分配的需要，建立基于全生命周期的科技创新要素市场化配置的价值管理模式，涵盖科技创新价值形成与创造市场化配置系统、科技创新价值评估与定价市场化配置系统、科技创新价值交易平台市场化配置系统、科技创新价值分享与激励市场化配置系统等，为天然气产业要素市场化改革与创新驱动发展提供管理支持。

(3) 天然气产业链技术谱系构建与价值指数赋权。以谱系学思想为主导，在资源战略认知规律的基础上，通过分析天然气产业技术应用市场需求、技术产品以及发展趋势，梳理技术级序和特征谱系演进脉络，设计天然气产业技术谱系总体结构。立足天然气全产业链业务流程，对天然气勘探和开发技术谱系、长输管道技术谱系、储气库技术谱系、天然气利用技术谱系进行价值指数赋权，为天然气产业科技创新要素市场化配置提供关键工具支持。

(4) 天然气产业科技创新要素价值形成与实现机制。立足生产要素内涵及其价值指数剖析，建立天然气产业生产要素组合创新增值机制，结合技术形成与科技成果价值实现机制、技术价值链与创新创效模型、天然气产业科技成果创效特性等的分析，建立天然气产业科技成果价值实现机制。根据项目经济效益产出类型划分科技成果类型，即增储类、增产类、输气类、储气类、用气类、其他增效类，按照油气行业项目技术经济评价相关规范，分别计算其项目净现值或净利润，作为科技成果经济价值分成基数。

（5）天然气产业科技成果市场化价值评估体系与溯源分配评估。构建涵盖评价制度体系、组织体系、平台体系、决策支持体系等内容的天然气产业科技成果市场化评估体系。在此基础上，建立单项科技成果经济价值溯源分配评估模型，以及增储类、增产类、输气类、储气类、用气类、其他增效类六大类科技成果经济价值溯源分配率测算模型。建立天然气产业科技创新成果社会价值溯源评估模型，立足项目天然气商品总量、单位天然气利用的社会价值、产业链区域社会价值分配系数、单项科技成果天然气商品量分配系数等，确定天然气科技成果社会价值分配评估主要参数。

（6）天然气产业科技成果交易平台设计与建设。以探索构建具有中国天然气产业特色的科技成果市场交易体系、创建开放式结构完善的天然气科技成果交易中心、打造产业内外循环转化的科技成果交易保障体系为主要思路，设计天然气产业科技成果交易平台，提出平台建设策略，包括加强组织领导持续释放天然气科技市场主体活力、创新市场化运作机制提高科技成果交易整体效能与水平、强化天然气科技成果交易人才队伍建设、加强管理会计体系建设形成科技评价保障体系等。

（7）天然气产业科技创新要素市场化激励与额度测算。深化认识科技成果经济价值分享激励管理基础，即科技成果经济价值分享体系选择、科技成果转化的市场化激励条件、积极推进技术要素分享政策落地。提出科技市场改革示范区建设思路与策略，建立科技成果经济价值分享激励额度测算模型，并确定了主要参数。

（8）评估实例：天然气产业链科技成果经济价值评估模型应用。开展了单项增储和增产类科技成果、单项储气类科技成果、单项用气类科技成果，以及天然气产业链其他增效类科技成果经济价值评估实证；立足增储项目和增产项目分别开展了天然气勘探开发产业科技成果社会价值评估实证。

本书致力于解决天然气产业科技创新要素市场化配置涉及的管理

模式与配套技术问题，为天然气行业、能源行业及国家有关部门进行科技创新价值科学量化、科技奖励、科技人员收益分享激励，以及促进创新要素市场化配置提供理论技术支持，对深入推动科技创新驱动产业高质量发展具有重要的作用。本书得以成稿，特别感谢王径、姜月、王良锦、王富平、彭彬、谢建军、高琼、潘春锋、马英恺、谢敬华、敬代骄、肖鑫、乐彦婷、李季、章成东、李庆、罗天岱等相关人员在提供资料等方面给予的大力支持。

本书可以满足国家要素市场化改革背景下企业科技体制机制改革、科技成果转化等参阅需要，为深入推进科技创新创效提供了操作指南，适合企业领导与决策者、科技管理人员、科研人员等广大群体阅读。书中如有不妥之处，请广大读者批评指正。

目　录

第一章　科技创新要素市场化配置相关理论与研究现状 ⋯⋯⋯⋯ 1

　第一节　科技创新要素价值管理相关概念与概念间的关系⋯⋯⋯ 1

　第二节　科技创新要素市场化配置研究现状与趋势 ⋯⋯⋯⋯⋯ 10

　第三节　油气科技创新价值评估与定价方法研究现状⋯⋯⋯⋯ 17

第二章　天然气产业科技创新要素市场化配置模式构建 ⋯⋯⋯ 25

　第一节　天然气科技创新要素市场化配置模式构建依据⋯⋯⋯ 25

　第二节　天然气科技创新要素市场化配置模式结构⋯⋯⋯⋯⋯ 29

　第三节　天然气科技创新要素市场化配置模式内容⋯⋯⋯⋯⋯ 32

第三章　天然气产业链技术谱系构建与价值指数赋权 ⋯⋯⋯⋯ 42

　第一节　基于谱系学的天然气产业链技术谱系构建与技术级序价

　　　　　值指数赋权⋯⋯⋯⋯⋯⋯⋯⋯⋯⋯⋯⋯⋯⋯⋯⋯⋯⋯ 42

　第二节　勘探和开发技术谱系构建与价值指数赋权 ⋯⋯⋯⋯⋯ 49

　第三节　长输管道技术谱系构建与价值指数赋权 ⋯⋯⋯⋯⋯⋯ 55

　第四节　储气库技术谱系构建与价值指数赋权 ⋯⋯⋯⋯⋯⋯⋯ 60

　第五节　天然气利用技术谱系构建与价值指数赋权 ⋯⋯⋯⋯⋯ 75

第四章　天然气产业科技创新要素价值形成与实现机制 ⋯⋯⋯ 85

　第一节　天然气产业生产要素组合创新创效机制 ⋯⋯⋯⋯⋯⋯ 85

　第二节　天然气产业科技成果价值实现机制 ⋯⋯⋯⋯⋯⋯⋯⋯ 89

　第三节　天然气产业链科技成果项目经济效益评价 ⋯⋯⋯⋯⋯ 99

第五章　天然气产业科技成果市场化价值评估体系与溯源分配评估 ·········105

　　第一节　积极构建天然气产业科技成果市场化评估体系 ········105

　　第二节　单项科技成果经济价值溯源分配评估模型 ·········113

　　第三节　天然气产业链科技成果经济价值分配率测算模型 ······123

　　第四节　天然气产业链其他增效类科技成果经济价值分配率测算模型 ·········141

　　第五节　天然气产业科技创新成果社会价值溯源评估模型 ·····144

第六章　天然气产业科技成果交易平台设计与建设 ·········159

　　第一节　搭建天然气产业科技成果交易平台的意义 ········159

　　第二节　天然气产业科技成果交易平台设计思路 ·········161

　　第三节　天然气产业科技成果交易平台建设策略 ·········164

第七章　天然气产业科技创新要素市场化激励与额度测算 ········173

　　第一节　科技成果转化激励体系与市场化激励条件 ········173

　　第二节　科技市场改革示范区建设与配套激励政策探索 ······177

　　第三节　科技成果经济价值分享激励额度测算模型 ·········183

第八章　天然气产业链科技成果经济价值评估实证 ·········194

　　第一节　单项增储和增产类科技成果经济价值评估 ········194

　　第二节　单项储气类科技成果经济价值评估 ·········201

　　第三节　单项用气类科技成果经济价值评估 ·········206

　　第四节　天然气产业链其他增效类科技成果经济价值评估 ······210

　　第五节　天然气勘探开发产业科技成果社会价值评估 ·······215

主要参考文献 ·········220

第一章 科技创新要素市场化配置相关理论与研究现状

第一节 科技创新要素价值管理相关概念与概念间的关系

一、价值管理的内涵、意义与特征

(一)价值管理的内涵

价值管理(value based management,VBM)是指以企业价值评估为基础,以价值增长为目的的一种综合管理模式,于 20 世纪 80 年代在美国出现,自 20 世纪 90 年代以来在西方企业界中受到追捧。价值管理是以价值创造为核心的一种新型管理系统,它强调企业应形成新的价值理念、目标取向及行为规范,力求用户价值、所有者价值、员工价值、社会价值的同步实现,并以此为原则进行资源的配置和组织管理。价值管理是可以使公司内部各级管理层的管理理念、管理方法、管理行为、管理决策致力于股东价值最大化的管理机制,是围绕企业管理核心环节的一整套体系。这些核心环节包括企业战略及目标、资源配置、投资管理与计划预算、业绩衡量体系、激励体系、投资者关系管理、变革管理等。这些环节的实施都围绕同一个目标:最大化企业价值。许多著名企业实施以价值为基础的管理,取得了很大的成功。诸如微软、英特尔、可口可乐、西门子等公司都是价值管理的实践者和受益者。

(二)价值管理的意义

价值管理是企业持续发展的关键。价值管理是以提高企业的实际市场价值为目标,从战略角度对企业资源进行系统的整合与优化,以求实现企业整体价值的最大化。在急剧变幻的市场中,企业只有使自身价值不断提升,才能获得持续发展的生命力,因此抓好价值管理具有决定性意义。实行价值管理有助于引导企业改善决策与经营,加强管理创新,从而使企业建立起现代企业制度,实现可持续发展。企业管理的深刻本质就是价值管理。

价值管理是实现企业价值最大化、保持价值系统平衡的必要方法。企业价值最大化要求企业利益相关方的价值同步实现,而不只是实现股东价值,这也是价值管理的目标所在。企业是一个社会组织,既要与其他组织产生广泛的经济联系,又要承担一定的社会责任,这就要求企业应使所有者、经营者、员工、顾客、供应商及社会均满意,才能避免企业价值链断裂,使企业价值不断放大,实现价值最大化的目标。

价值管理对提高组织效率具有重要意义。价值是衡量企业绩效的最佳标准,价值标准从企业整体的长期发展出发,采用现金流量折现评估模式,较好地反映了产生价值所需的投资大小及投资时机,比其他任何尺度都更切合企业的实际市场价值。价值管理可以帮助企业确定应予采纳的具体财务绩效指标并分解到各基础单位,明确后续衡量办法;在多目标选择时,以关键的价值驱动因素做出权衡,并在不同的战略间作出决定。因此,价值管理对改善企业的组织结构,提高组织效率具有极为重要的作用和意义。

(三)价值管理的特征

价值管理是从"价值"视角来看待整个企业,因此整个企业管理就是价值管理,销售、市场、财务、生产管理均是围绕实现价值战略的职能活动。价值管理除了财务管理之外还需要几乎企业所有部门的管理活动来支撑，它强调的是一种整体视角和观念，与传统的财务管理区别显著。其主要特征如下。

奉行"现金流量至上原则"。价值管理的观点强调，对上市公司的股票价格和非上市公司的公司财富来说，公司价值是比每股收益、销售和利润增长或其他传统会计指标更为重要的决定因素。公司价值的概念不是基于已经获得的市场份额和利润数据，而是基于与适度风险相匹配的已经获得和可能获得的自由现金流量。自由现金流量的变化代表着公司实际的、可控制支配的财富的变化。公司价值本质上是投资者对公司自由现金流量追索权的大小，当然也取决于公司在当期以至未来创造自由现金流量的能力。

公司价值由多因素驱动。按照拉帕波特的价值模型，影响公司价值的因素可以归纳为自由现金流量和资本成本两大类，具体包括销售增长率、销售利润率、所得税税率、固定资本增长率、营运资本增长率、现金流量时间分布和加权平均资本成本等。价值管理应该回答的问题是从长期财务目标开始，如何将其与某些行动结果联系起来。这些行动必须在财务指标、业务流程、内部流程，最后是员工及系统中实施，公司在为股东寻求利润与财富的同时，满足了管理者、债权人、供应商、顾客、员工、政府等的共同价值需求，所以有人认为公司价值最大化的目标本身就是一个多方利益协调且最终达到总和最大化的过程。

价值管理以"过程"为导向。价值管理强调管理是一个社会过程，要将价值评估和管理的方法引入管理过程的各方面，包括战略、组织、计划、控制、评价等，特别关注如何运用价值观念进行战略和日常经营决策。管理层实施以价值为基础的管理，可以将公司的全局目标、分析技术和管理程序整合在一起，推动公司将管理决策集中在价值驱动因素方面，最大限度地实现其价值。这些行动主要涉及人和人的关系，具有鲜明的社会过程性。因此，价值管理理论就是以价值来论管理，体现管理的社会过程，立足于组织结构和治理环境，从实现公司战略目标，提高其核心竞争力的角度重新解读管理功能。

人的价值实现是公司价值管理的实质内涵。在价值管理过程中，只有充分发挥人的主观性和能动性，才能有效利用企业所拥有和控制的各种资源，并将其转化为可以带来增值的资本，因为人的创造力和对成功的渴求才是企业价值的真正源泉。在公司价值管理模式下，公司的各项价值管理工作需要通过具体价值驱动因素指标的分解，落实到各车间、职能部门、团队直至个人才能实现，成功的价值管理需要整个组织所有成员(从管理层到基层员工)的认可、支持。在企业内部只有建立了创新型企业价值文化，全体员工团结一致、齐心协力，积极参与，才能够保证价值管理的成功实施。也就是说，人本管理与价值管理是密不可分的。

二、科技创新要素价值管理相关概念

(一)技术要素的概念界定与作用

1. 技术要素的概念界定

技术要素是指技术基本结构中一个独立的因素，如经验、技能、工具、机器、知识等，是任何生产过程、任何技术都具有的基本构成因素。技术要素按其表现形态可分为三类。①经验形态的技术要素，主要指经验、技能等主观性技术要素。经验、技能是基本的技术表现形态，经验是人在长期实践中的体验，以生产方式为基础，在劳动过程中表现出的主体活动能力，它包括技巧、诀窍等实际知识。②实体形态的技术要素，主要指以生产工具为标志的客观性技术要素。与经验、技能相类似，技术手段的范畴是与技术发展的一定阶段相互对应的，实体技术也可以按不同历史时期分为手工工具、机器装置、自控装置三种表现形式，不同形式的实体技术表现了人类利用自然和改造自然的物质手段的不同发展阶段。③知识形态的技术要素，主要指以技术知识为象征的主体化技术要素。技术知识应当是人类在劳动过程中所掌握的技术经验和理论，也就是说技术知识有两种表现形式，一种是经验技术知识，另一种是理论技术知识。可以认为，经验技术知识是关于生产过程和操作方法的规范化的描述或记载，而理论技术知识则是关于生产过程和操作方法的机制或规律性的阐述。不同形式的技术知识表现了人类利用和改造自然的能力的不同发展阶段。

2. 技术要素的作用

随着经济发展和社会进步，生产效率的提高不仅与劳动、生产资料、管理等要素直接相关，而且与技术要素的关系更加密切，技术要素已成为推动经济发展的决定性因素。简单地讲，技术要素的作用主要有以下几点：一是通过技术进步提高劳动者的素质，劳动者通过教育和培训可较快掌握先进的科学技术知识和技能，提高技术熟练程度；二是通过技术进步改革生产工艺，保证产品质量，提高劳动生产率和降低成本；三是通过技术进步提高装备的技术水平；四是通过技术进步提高经营管理水平。

(二)科技价值的构成与特点

1. 科技价值的构成

科技价值的技术属性在与主体发生关系时，不仅体现着技术对主体的需要、发展的肯定或否定的性质和程度，而且在技术与主体的相互作用过程中不断发展。

1)科学价值

科技成果的科学价值反映科技成果在产生新知识、揭示新原理、创造新技术、发展新方法以及在原始创新等方面的贡献，科学价值越大，表明科技成果原创性越强、技术进步引领性越强、文化价值越大。

2)技术价值

科技成果的技术价值反映科技成果在促进科学技术不断演进中发

挥的作用,既包含对于主体整体的一般价值,又包含技术的使用价值,如技术的经济价值、政治价值、文化价值、生态价值等,其特点主要有3个方面:协同性与附着性、累积性与扩散性、周期性与加速性。

3)经济价值

科技成果的经济价值指科技成果经过转化交易成为企业的技术资产,然后经过企业的运作转变成商品,最终通过市场交易实现的价值,反映在科技成果推广应用对经济发展、结构调整和产业升级等方面的影响。油气科技运用所带来的经济增长是科技成果经济价值最直接的体现。

4)社会价值

科技是油气生产发展的推动力,逐步改变着天然气产业结构、油气生产方式和社会发展方向。科技成果的社会价值主要表现在以下方面:生产力的提高、生产方式的变革和产业结构的升级。随着天然气技术的不断推广和应用,油气生产模式不断创新、产量规模不断增大。

5)生态价值

科技客体被人类用于对自然的改造活动中,对协调人类与自然环境的矛盾、维持油气生态系统平衡所发挥出的积极作用即为其生态价值。科技成果的生态价值主要体现在提高自然资源利用效率、环境污染治理水平和生物资源保护水平等方面。

2. 科技价值的特点

科技价值的特点体现在以下5个方面。①鲜明的主体性。科技价值的主体性就是指科技价值直接同主体的特点相联系,表现或反映主体性的内容,充分体现在科技价值的发现、创造、生产、使用和实现的全过程中。由于技术主体的多层次,以及技术与不同主体间不同的作用方式,故同一技术常常表现出不同的科技价值。②典型的二重性。科技价值的二重性是指技术既有益于主体又有害于主体,既给主体带来方便、创造财富,又可能给主体造成麻烦、带来危害,存在既对立又统一的典型特征。③迁延性。科技价值的迁延性主要是指科技价值不是一次性实现的,而是一个不断展现的过程,随时间表现出科技价值的时效性、次生性、难以预料性,特别是时空上的拓展性、结果上的累积性、发展上的层次性。④多维性。科技价值的多维性是指科技价值的表现不是单方面的,而是多方面的,存在多维度的取向。正因如此,在认识、评价科技价值时,必须做到全面和系统。⑤实现的辩证性。它是指科技价值的实现不是一个直线式的过程,而是一个否定之否定的过程。科技价值实现的辩证性同时还源于具体技术的有限性与主体需要的无限性的矛盾。

(三)科技成果的定义、特征与类型

1. 科技成果的定义与特征

《中华人民共和国促进科技成果转化法》提出科技成果是指通过科学研究与技术开发所产生的具有实用价值的成果。《中国科学院科学技术研究成果管理办法》把科技成果界定为对某一科学技术研究课题,通过观察实验、研究试制或辩证思维活动取得的具有一定学术意义或实用意义的结果。科技成果按其研究性质可分为基础研究成果、应用研究成果和发展工作成果。

科技成果一般由六种要素构成:主体、完成人、内容、类型、表现形式、转化结果及证明材料。科技成果的主要特征:一是具有新颖性、创造性、先进性和经济性;二是必须经过技术认定(包括鉴定、评审、验收、检测、行业准入和授权发明专利等)。

2. 科技成果的类型

依据《国务院办公厅关于完善科技成果评价机制的指导意见》(国办发〔2021〕26号),将技术开发类成果分为应用基础研究成果、应用技术研究成果、应用技术开发成果及其产业化成果(表1-1)。

表 1-1　科技成果类型

成果类型			内涵	成果形式	特点
基础研究成果			为了获得有关现象和可观察事实的基本原理的新知识，而进行的实验性或理论性研究	以科学论文和科学著作为主	没有任何特定的应用或使用目的，或虽肯定有用途但并不确定达到应用目的的技术途径和方法
技术开发类	应用研究成果	应用基础研究成果	指那些方向已经比较明确、利用其成果可在较短时间内取得工业技术突破的基础性研究	以科学论文、专著、原理性模型为主	具有特定的实际目的或应用目标
		应用技术研究成果	为获得新知识而进行的创造性研究，主要针对某一特定的技术目的或目标。应用研究也属于科学研究范畴	以科学论文、专著、原理性模型和发明专利等为主	具有特定的实际技术目的或应用目标，或是发展基础研究成果确定其可能用途，或是为达到具体的、预定的目标确定应采取的新的方法和途径
	应用技术开发成果及其产业化成果		技术开发是新的科研成果被应用于新产品、新材料、新工艺的生产、实验过程，以及技术开发成果的产业化推广应用形成的成果	新的产品、装置，新的工艺和系统等	试验性强、时间较短、风险性较小、所需费用较高。产业化成果所需时间较长、风险性较大、所需费用更高

(四)油气行业科技成果类型划分

1. 根据技术研究和开发属性划分

根据科技部对科学技术成果的分类,结合天然气产业科学技术研究与开发特征，依据科技成果创新创效属性和有利于科技成果价值评价，将科技成果划分为两类:①应用技术开发成果，主要指为提高天然气产业链生产力水平而进行的技术开发、后续试验和应用推广所产生的具有实用价值的新技术、新工艺、新材料、新设计、新产品及技术标准等，包括可以独立应用的阶段性研究成果,以及引进技术和设备的消化吸收再创新的成果。②应用技术研究成果，主要指为增强国际竞争力，提高天然气产业链自主研发水平，而进行的理论方法与技术原理创新、应用技术基础实验(试验)等，包括基础研究成果和引进高新技术、基础设备的消化吸收再创新的成果。应用技术基础研究成果的作用不仅表现为成果的学术价值，更主要表现为对应用技术开发过程的指导作用。

2. 根据直接和间接经济效益划分

中国石油天然气集团有限公司科技评估中心按照学科专业，将油气技术分为油气勘探、气田开发、炼油化工、物探测井、钻井工程与装备、管道及地面工程、信息技术、综合管理等。按照能否计算直接经济效益，科技成果可分为能计算直接经济效益的成果（Ⅰ类成果）和不能计算直接经济效益的成果（Ⅱ类成果）。Ⅱ类成果主要包括经济管理、公益类等。

3. 根据项目经济效益产出类型划分

根据天然气产业链科技成果所属的专业领域、转化应用产出的经济效益形式，对其进行分类，结果见表1-2。

表 1-2　基于项目经济效益产出类型的科技成果分类表

科技成果分类		分类说明
增储类		在研发、应用和转化过程中形成了新增天然气地质储量，包括新增探明地质储量、新增控制地质储量或新增预测地质储量
增产类		在研发、应用和转化过程中形成了新增天然气产量
输气类		在研发、应用和转化过程中形成了新增管输气量
储气类		在研发、应用和转化过程中形成了新增储气量
用气类		在研发、应用和转化过程中形成了新增用气量
其他增效类	新产品	应用科技创新成果生产全新产品
	换代产品	应用科技创新成果生产的产品性能指标或功能得到明显改进或提升
	替代进口产品	应用科技创新成果生产的新产品(未对外销售)替代原有外购产品
	技术服务	应用科技创新成果对外开展技术服务(不包括技术转让)
	技术交易	通过技术转让，实现技术成果所有权或使用权的转移
	降本增效	应用科技创新成果对现有流程、工艺、装备等进行改进或升级，达到减少投入、节能降耗、提高效率等目的

三、科技要素价值管理核心概念间的关系

(一)技术要素与技术创新成果的关系

科技成果是具有实用价值的技术要素。根据《国务院办公厅关于完善科技成果评价机制的指导意见》（国办发〔2021〕26 号），技术创新

成果主要包括新技术、新材料、新工艺、新产品、新设备样机性能等。

(二)科技价值评估和价值管理的关系

价值评估是技术评估的重要组成部分，也是企业进行价值管理的必备环节，而价值的创造越来越成为衡量企业绩效的标准，管理者则越来越注重对价值进行管理。可以说，价值评估是价值管理不可或缺的技术手段和组成部分，而价值管理是进行价值评估的意义所在。

(三)科技成果价值分配和价值管理的关系

科技成果价值是企业价值体系中的重要内容之一，科技成果价值管理也是企业价值管理的核心内容之一。建立科技成果价值管理，必须基于分享理论解决科技成果转化收益分配的问题，在操作层面上建立一个有效的科技成果价值分配体系，实现企业与科技人员的价值同向。科技成果价值分配方式是指科技成果价值分配实现路径的选择方式，是科技成果价值管理中的重要内容。

第二节　科技创新要素市场化配置研究现状与趋势

一、价值管理与价值分配理论研究现状

价值管理的起源最早可以追溯到 20 世纪初期的资本价值理论，随后资本结构定理［MM(Modigliani-Miller)定理］对价值管理产生了重大影响，唤起了人们对企业价值的高度关注。阿尔弗洛德·拉帕波特在《创造股东价值》一书中提出以股东价值为中心的管理方法和程序，开创了价值管理的新纪元。汤姆·科普兰等的《价值评估：公司价值的衡量与管理》一书和詹姆斯·A.奈特的《基于价值的经营》一书明

确提出价值管理的概念和应用模型,为价值管理的推广和应用作出了不可磨灭的贡献,标志着价值管理理论正式形成。

(一)增量收益分成理论

1. 增量收益分成机制的内涵

收益分成思想兴起于 20 世纪 30 年代,是一种主要基于小型群体或团队的绩效薪酬形式,主要关注生产率提高、质量提升或成本节约所产生的团体收益在员工与公司之间的分配。它又被称为生产率收益分成计划。

收益等于产出减投入。顾名思义,如果产出达到预期,则增量收益分成额=增量收益×分享比例。产出达成和增量收益是员工报酬增长的两个必备要素。产出达成才有分享资格,假如产出未达成,即使有增量收益也不能分享;产出达成值越高,增量收益越大,分享额越高;增量收益为负则按分配激励比例扣除薪酬,从而使异化行为得到遏制。

2. 增量收益分成机制的作用

作为一种团队激励薪酬形式,增量收益分成机制可以提高员工参与度,让员工更加努力地工作,发挥员工潜能,提高和改善组织绩效,最终起到增强员工主人翁意识和忠诚度的作用。具体而言,一是能实现员工共享企业发展成果,员工承包基层营销单元,承包团队共同分享增量毛利的提成,实现公司利益与员工利益一致。二是实现基层单元变被动管理为自我管理,以真正的开放式预算,充分授权、资源下沉,让基层单元实现"自主支配成本、自主安排投资、自主分配薪酬",充分调动承包单元的积极性、主动性。三是探索团队创业模式,通过增量收益分成的激励方式,积累经验,为探索基层团队深化创新经营模式奠定基础。

(二)利润分享理论

1. 利润分享制的含义与特点

利润分享制就是企业向员工支付了基本工资之外，再拿出一部分利润或超额利润分配给员工的制度。利润分享理论不仅涉及利润分配问题，同时对微观层面的员工参与、工会密度、劳资关系，以及宏观层面的劳动力市场建设、缩小居民收入差距等方面都有借鉴价值。现有的利润分享形式包括两种，一种是借助现金现付形式实施的奖励，另一种是将所得用于退休返还的递延奖励。

利润分享制的分配尺度通常不与员工的直接劳动成果关联，只与个人工资基数、岗位或者职务等相关。它对员工的激励作用不同于工资和奖金，每个员工的奖金不仅与个人绩效相关，并且与所属部门绩效、企业的整体绩效紧密相关，这样的分配格局有利于企业与员工形成良好的合作共赢局面。利润分享制下，员工所分配的利润取决于企业全体员工共同创造的利润，具有相当的弹性，并不是固定不变的。采用利润分享制有利于增强企业的凝聚力，促使员工更多关注企业的长期发展，并更加积极地参与企业活动。

2. 利润分享理论的借鉴意义

目前，得到广泛运用的利润分享模式有：利润分红制、利润提成制、员工持股计划、年终奖与企业年度利润挂钩制等。企业在薪酬管控中实行利润分享模式，不仅能够有效克服传统薪资形式的缺陷，加强薪酬激励的长效性，而且能增强员工的归属感，有效提升员工的忠诚度。

利润分享计划是一项有效的激励措施。企业将员工收入水平与企业利润挂钩，引导员工关注企业成长与利润增长，实现企业与员工双赢的局面。收益分成计划中，被分享的收益主要来自工作效率的提高，而这种提高是按照组织制定的指标来衡量的。企业通常采取现金、股票、股权、分红、提成等方式支付收益分成，因此不同的收益分成指标所决定的奖金发放频率与数额是不相同的。收益分成计划作为一种群体激励薪酬形式，是对绩效激励薪酬计划的补充和完善。综合运用收益分成计划和利润分享计划、员工持股计划将产生更大的管理能量，提升企业的激励层级，企业也将得到更好的发展。

(三) 全要素分配理论

1. 生产要素的结构与层次

在生产社会化、现代化的条件下，生产要素是由多种因素构成的复杂系统，大致可以分为三个层次。第一是实体性层次，包括劳动力、生产对象和生产资料。第二是附着性或渗透性层次，包括科学技术、教育、信息等没有实物形态，只能附着在实体性因素上或渗透在实体性因素中，是通过改善实体性因素的性质来发挥作用的因素。第三是运行性层次，主要指生产管理与技术创新，包括生产力的组织、生产结构的安排、生产与销售决策、发明创造、产品设计、工艺改造等。管理、技术要素属于第二层次与第三层次的因素，它们在物质资料的生产中是作为脑力劳动者的附着因素发挥作用。随着科学技术的发展，管理、技术在创造财富过程中的作用日益增强，将其作为生产要素参与生产成果分配，对推动科技、经济和社会发展，发挥科技作为第一生产力的作用具有重要意义。

2. 罗默的全要素分配理论

罗默的全要素分配理论的核心是根据要素在不同历史时期或同一时期不同发展阶段价值增值过程中的作用大小，决定其剩余索取权的大小，并进行相应的剩余分配。罗默提出的增长四要素包括劳动、资本、技术、知识。其中，知识是促进经济增长更为重要的要素。生产要素参与分配是把物质资料生产所实现的利润，依据劳动、资本、技术、管理诸要素在生产过程中所做的贡献，在它们的所有者，即普通劳动者、资本所有者、技术人员、经营管理者之间进行的分配。这种分配方式的最大合理性在于承认参与创造剩余价值的各生产要素所有者都有权获得剩余价值的分配，并且按照各自的贡献确定分配比例。

3. 要素初次分配理论

生产要素参与分配是对市场经济条件下各种生产要素所有权存在的合理性、合法性的确认，体现了国家对公民权利的尊重，对劳动、知识、人才、创造的尊重，这有利于完善按要素分配的体制机制，让一切创造社会财富的源泉充分涌流，有利于推动经济发展。

二、技术要素参与经济价值分配的激励

(一)经济价值分配的配套机制

资本经济价值分配制度的建设，远不止分配比例的确定和计算，配套机制的建立健全至关重要，其中公司治理架构及其有效性是关键问题。相关研究对构造内生化国企内部人行为的代理模型进行了分析，强调了国有企业经济价值分配机制安排的重要性，指出国有资本经济价值分配比例是公司治理有效程度的增函数。有研究从控股股东特征对上市公司经济价值分配倾向和分配力度的影响视角，采用逻辑斯谛(Logistic)回归和多元线性回归方法分析了上市公司的经济价值分配情况。研究发现，所有权和控制权的分离程度越高，股利分配倾向和分配力度则越低，且国家控股上市公司的分配倾向和分配力度显著低于民营控股上市公司。

(二)经济价值分配比例的确定问题

经济价值分配比例的确定是国有资本经济价值分配机制的核心问题，主要包括两个比例的确定。第一个比例是国有企业税后利润的上缴比例，也就是国家享有的国有资本经济价值分配的比例，或者说国

有企业向国家上缴国有资本收益的比例(简称"分配比例"),这是国有资本经济价值分配机制中的关键点。第二个比例是政府对享有的国有资本收益进行再次分配的比例,即政府决定将国有资本收益用于公共支出及国有企业追加投资或注资的分配比例(可称作"再分配比例"),政府有关部门充分发挥顶层设计的作用,通过科学引导,在认真研究市场的基础上,在公共支出和国有企业追加投资之间合理分配国有资本收益。明确再分配比例,实质上是实现分配资金的合理处置,这是国有资本经济价值分配的落脚点。

世界银行对普通公众公司股利政策、目标支付率的稳定性进行了研究,在此基础上,对我国国有资本经济价值分配的比例提出了更加详尽的改进建议:考虑国有企业改革总体战略和行业发展规划等因素,确定一个目标经济价值分配率,其水平可保持在20%~50%。

(三)技术要素参与经济价值分配的具体形式

1. 发达国家企业经济价值分配模式的变化

20世纪70年代以来,发达国家企业经济价值分配模式发生了深刻的变化,产生了新的要素贡献分配理论,企业广泛流行利润分享、市场价值分享、所有权分享和管理权分享等模式。根据《分配革命说》的研究,法国60%以上的上市公司实行利润分享、美国50%以上的上市公司广泛实行职工股票期权、美国60%~70%的国民持有公司股票、德国85%的职工参与企业民主管理。这种新的收入分配模式在高新技术企业尤为普遍,其实质就是智力资本逐步获得了与实物资本相同的分配地位和权利。

在西方新的要素贡献分配理论中,企业价值分享制和企业所有权分享制最为典型,这两种制度可以统称为股权激励法。股权激励法一般有以下10种具体形式:股票期权、股票增值权、限制性股票、虚拟股票、账面价值股票、特定目标奖金、业绩股份、储蓄参与股票、股票无条件赠予、影子股票。

2. 我国技术要素参与经济价值分配的具体形式

我国关于技术要素参与经济价值分配的实践探索，是随着改革开放的不断深化而逐步展开的。在更大范围的企业内部，技术要素参与经济价值分配的方式也有了新的突破与创新。从目前的情况来看，技术要素参与经济价值分配的形式呈多样化趋势，归纳起来主要有以下几种类型：科技奖励、岗位技能工资、科技项目承包奖励、利润提成、技术成果转让与有偿技术服务、经济价值分配、技术入股。

三、价值管理研究的发展趋势

(一)价值管理目标的多样化

《中华人民共和国合伙企业法》中规定的有限合伙制进一步印证了企业所有权的多样化发展趋势。虽然有限合伙企业依然被称为合伙企业，但财务资本投资者的有限责任为这类企业适应现代资本市场提供了必要的条件，将来或许会打破股票市场专为公司制企业服务的现状。价值管理理论也必须适应所有权多样化的需要，摒弃单一的股东价值最大化目标导向，发展出更具兼容性的利益相关者价值最大化的多样化目标导向，而该多样化的目标导向并非意味着企业同时有多个目标，只是说不同企业或同一企业不同发展阶段价值管理的目标可能是不同的。

(二)利益相关者价值的归属和计量研究

利益相关者价值是利益相关者理论的核心内容，也是利益相关者价值管理的基础。从相关文献中不难看出，价值管理理论与利益相关者理论结合的趋势十分明显。但受制于利益相关者价值本身的模糊性和定性性，利益相关者价值管理理论研究依然十分薄弱，解决利益相关者价值的归属和计量问题是未来价值管理领域的一个重要研究课题。

(三)价值驱动因素的系统化、微观化

价值驱动因素是影响或推动价值创造的决策变量，是连接企业日常经营活动与价值管理目标、最终运营目标的桥梁。对不同类型的企业来说，其价值驱动因素也不尽相同。不能要求所有企业都按照同一种方式来经营，因而也不应要求所有企业都对统一的价值驱动因素进行管理。价值驱动因素应与价值管理目标保持一致，并且形成一种完整的、自循环的系统，即价值驱动因素会直接决定企业价值创造的效果；反之，价值管理目标的实现程度也应为价值驱动因素的动态调整提供依据。价值驱动因素应尽量细化、微观化，最终落实到企业经营活动的基层组织，以便于管理和控制。

第三节　油气科技创新价值评估与定价方法研究现状

一、国内外科技成果价值评估方法研究与实践

(一)国外科技成果价值评估方法

1. 国外科技成果价值评估方法研究进展

国外关于科技成果价值评估的研究起步较早，基本上已经形成了相对完善的评估程序和制度化体系，并通过法律形式确定其在经济管理决策中的地位和作用,实现了科技成果价值评估方法的综合化发展。总体而言，国外常用的科技成果价值评估方法可分为三类：第一类是为评估提供框架的方法，如前后对比法、对比实验法和逻辑框图等；第二类是与数据收集有关的方法，包括访谈、调查、统计记录等；第三类是与数据分析有关的方法，如案例分析、经济计量模型、指标体系建立和成本效益分析等。国外将经济学、数学和计量学等方法引入

科技成果价值评估，实现了科技成果经济效益评估的重要突破。

立足宏观层面，在科技成果价值评估方法的选择与应用过程中，美国、法国、日本等国家主要侧重两个层面：其一，采用定性和定量分析相结合的方法，适用于评估计划目标实现的程度以及评估对象的优劣；其二，以数学模型为基础，强调严格的定量指标和计算方法，适用于投入产出的价值评估。

立足微观层面，企业和学术界也在努力探索和完善科技成果价值评估方法体系，试图通过科学技术产出的分类，对科技成果转化价值的目标实现进行评价和监测；通过测量知识转化的效果解决科技价值的计量问题；通过建立数据包络分析（data envelopment analysis，DEA）模型，对科技成果转化效率进行研究，为科技成果转化项目评价提供方法等。

2. 科技成果经济价值评估的基本方法

1）成本法

成本法就是依据被评估技术在研制、开发过程中所耗费的有形成本和无形成本来确定其价值的方法。它对技术开发、财务管理等制度健全的单位所研制开发的技术的评估来说比较可行。当技术资产使用基本正常时，一般不计算经济性贬值。其基本公式为

技术资产评估值＝技术资产重置成本－功能性贬值－经济性贬值

$$(1-1)$$

2）收益现值法

收益现值法又称超额收益法，其基本原理是直接评估技术对新增利润的贡献；衡量的基本方法是计算技术对未来净现金流量或生产成本节省的贡献现值。此方法在国外应用普遍，在国内也是主流的技术评估方法。它的出发点是资产的价值由使用所产生的效益大小决定，而不考虑其成本，将评估对象剩余寿命期间每年的预期收益，用适当的折现率折现，累加得出该资产在评估基准日的评估价值。

使用收益现值法时必须满足以下三个前提条件：①被评估资产的

未来预期收益可以合理预测；②资产拥有者获得预期收益所承担的风险可以合理预测；③被评估资产预期获利年限可以合理预测。

3）市场法

市场法是指评估师通过收集以往类似技术资产的交易信息，根据评估对象与参照物在技术先进性、营利能力、权利状况等方面的差异，在参照物的评估结论基础上进行对比调整，进而得出评估对象的价值。

针对技术资产评估，市场法的相关理论都比较适用，并主要依据替代原则。影响此方法评估结果精确度的主要因素是评估参照物的选取和参照物评估报告的准确性。假如参照物的评估报告准确性很高，则利用可比案例法，可得出非常精确的评估结果。

（二）国家和行业科技成果经济价值评估方法

1. 国内科技成果价值评估方法

20 世纪 90 年代中期，在国家科委探索科技成果价值评估的背景下，借鉴国际经验，大量学者、企事业单位对科技成果价值评估的方法和实践应用进行了研究。研究表明，科技成果价值评估方法很多，评估者在评估实践中，往往要根据不同的目的和对象，综合应用多种方法构建评估模型。针对科研项目及成果的价值评估，常用的指标选择方法一般有依靠专家的系统分析法，依靠查阅文献资料的文献资料分析优选法、变异系数法、相关系数法；对指标进行筛选和归类的方法有多元回归、主成分分析、因子分析、聚类分析、判别分析、回归分析等；确定指标权重的主要方法有直接经验法、德尔菲法、排序法、连环比率法、集值迭代法、层次分析法等。针对科研人员的价值评估，常用的方法有评级量表法、分级法、配对比较法、目标卡、目标考核法、关键事件记录评价法、笔迹判定法等。

针对科技成果经济效益进行微观上的量度研究，也是国内科技成果评估的一大发展趋势。目前被法律、法规认可的有两种方法：一是会计计价法，二是资产评估法。国内对科技成果价值评估方法的选择和应用基本遵循三个原则：①针对特定的评价对象选择评估模型和数据处理方法；②以数学模型为基础，强调严格的定量指标和计算方法；③对经典评价方法加以改造，以适应特定的项目评价对象。

2. 国家和行业科技成果经济价值评估规范

2020 年 7 月 21 日，国家市场监督管理总局、国家标准化管理委员会联合发布了《科技成果经济价值评估指南》（GB/T 39057—2020），于 2021 年 2 月 1 日开始实施。该标准提出，科技成果的经济价值是从科技成果的转化和应用中获得的经济利益的货币衡量。该标准明确了科技成果经济价值评估涉及的术语和定义，提供了科技成果经济价值评估的 3 种方法——收益法、市场法、成本法；明确了方法选用时的考虑因素，科技成果经济价值的评估机构、评估程序等方面的要求，以及科技成果经济价值评估申请表、评估报告等的规范格式。

2021 年 7 月，国务院办公厅发布的《国务院办公厅关于完善科技成果评价机制的指导意见》（国办发〔2021〕26 号）要求，全面准确评价科技成果的科学、技术、经济、社会、文化价值。根据科技成果不同特点和评价目的，有针对性地评价科技成果的多元价值。科学价值重点评价在新发现、新原理、新方法方面的独创性贡献。技术价值重点评价重大技术发明，突出在解决产业关键共性技术问题、企业重大技术创新难题，特别是关键核心技术问题方面的成效。经济价值重点评价推广前景、预期效益、潜在风险等对经济和产业发展的影响。社会价值重点评价在解决人民健康、国防与公共安全、生态环境等重大瓶颈问题方面的成效。文化价值重点评价在倡导科学家精神、营造创新文化、弘扬社会主义核心价值观等方面的影响和贡献。

中国科技评估与成果管理研究会 2020 年 8 月 21 日发布与实施的《科技成果评估规范》（T/CASTEM 1003—2020）规定了科技成果价值评估的范围、规范性引用文件、术语和定义、评估内容与方法、评估流程及要求等，但是没有明确科技成果经济价值评估的具体方法。

二、油气科技成果价值评估方法与实践

目前，油气科技创新成果价值评估方法主要有油气科技成果效益剥离法、油气重大科技专项增量效益法、油气科技成果收益分成法等。

(一)油气科技成果效益剥离法

1. 方法概述

中国石油天然气集团有限公司(以下简称"中国石油")科技管理部、石油经济和信息研究中心联合研究的"石油科技成果直接经济效益计算方法"(2002 年)，首次采用剥离法，逆向逐层分解科技成果收益值，对企业实际经济收益总额进行分解。中国石油《石油石化行业技术创新成果评价方法》(2005 年)，对油气科技成果效益剥离法进行了深化与优化，认为企业生产项目的经济效益包含了管理、技术、人力、资金等多因素的贡献,不同专业的一类成果(产生直接经济效益的)都可以按照流程经过三次剥离，得到单项科技成果的经济效益。

其中,技术结构模块由形成石油石化企业生产力的主体技术构成，石油石化行业技术要素由各专业技术级序构成，而各专业技术级序又由次一级技术级序构成，由此根据不同专业可细分为 N 级。细分的原则是每一个模块都能直接产生经济效益。将生产项目经济效益经三次剥离后，可得到任一级别的单项技术群或单项技术的净现值，并完成经济效益的计算过程。

2. 方法的内涵与优势

剥离法的内涵：企业生产项目经济效益包含管理、技术、人力、资金等多因素贡献；不同专业的一类成果都可以按照流程经过三次剥离，即第一次剥离出常规科技成果贡献与劳动要素贡献占比，第二次剥离出制度创新和管理创新要素贡献占比，第三次剥离出其他科技成

果贡献占比。

剥离法的优势在于可对庞大的技术体系形成的经济效益逐层细分，通过层级式的剥落与要素分离，最终将经济效益细分到具体技术上，是油气科技成果价值评估在现有众多投入产出模型分析框架下，应借鉴的重要思路。

(二)油气重大科技专项增量效益法

中国石油天然气集团有限公司科技评估中心编制的《重大科技专项经济效益评价实施细则(勘探开发类 2015 年版)》采用增量效益法对集团公司重大科技专项产生的储量产量经济效益进行评估，形成了一套相对完整的新增油气储量和新增油气产量的经济效益评价方法。

1. 新增油气储量经济效益评价方法

新增油气储量经济效益评价法,采用国际通用的折现现金流量法,即投入产出法基本原理。其基本表达式为

$$储量增量效益＝储量增量产出－增量投入 \qquad (1\text{-}2)$$

式中，储量增量产出(相当于现金流入)是指重大科技专项应用于生产项目增加的油气储量未来开发生产历年所获油气产量的销售收入；增量投入(相当于现金流出)是指重大科技专项应用于生产项目增加油气储量和未来开发生产所花费的投资、成本(包括专项科技投入)以及分摊税费。

2. 新增油气产量经济效益评价方法

新增油气产量经济效益指应用了重大科技专项的新生产系统相比原生产系统新增油气产量的效益。计算方法为投入产出法，其基本表达式为

$$产量增量效益＝产量增量产出－增量投入 \qquad (1\text{-}3)$$

式中，产量增量产出是指重大科技专项应用于生产项目新增油气产品

的销售收入；增量投入是指重大科技专项应用于生产项目新增油气产量所消耗的生产成本费用(含专项科技投入)及分摊的税费(包括城建税、教育费附加、资源税、矿产资源补偿费和石油特别收益金)。

(三)油气科技成果收益分成法

1. 油气科技成果收益分成法研究现状与评析

党的十八大报告指出，要完善劳动、资本、技术和管理等要素按贡献参与分配的初次分配机制；党的十八届三中全会指出，让一切劳动、知识、技术、管理、资本的活力竞相迸发。我国油气行业应积极推动油气科技成果转化，积极开展重大科技专项效益评估、科技成果奖励效益测算、技术服务与技术产品销售价格确定等科技成果价值评估活动。然而，油气科技成果经济价值分配的科学合理计算长期以来都是一大瓶颈，这迫切需要拓展油气科技成果价值形成与实现的评估模型，建立有影响力和公信力较强的油气科技成果经济价值分配评估方法，为天然气技术产品市场化定价、收益提成、成果转让、技术资本化等创造基础条件。

技术市场化交易无法规避科技成果价值的评价与评估，但长期以来这都是一个难题。现有科技成果价值评估的主要方法有收益现值法、成本法、成本收益现值法以及实物期权法。评估界在确定科技成果经济价值分配率时通常采用经验数据法、行业惯例法、约当投资分成法、德尔菲法、边际分析法、层次分析法、可比案例法等，这些方法也是学者自主设计新模型的基础。行业惯例法在技术资产交易中确定利润分成率的主要依据是"三分说"和"四分说"。"四分说"认为企业利润由资金、组织、劳动和技术 4 个因素综合作用形成，作用权重各占 1/4。行业惯例法的缺点在于主观性太强，参数的确定完全依靠评估工作者的主观经验，直接将技术的贡献率确定为33%或25%显然是不合理的，不能体现不同技术在企业获利过程中所起的作用或贡献的差别。其他评估方法针对行业专业技术特性和技术应用过程分析较弱，评估参数缺乏稳定性和公允性，专家打分主观性太强，造成目前还没有相对统一的计算方法。

2. 油气科技成果收益分成法的类型及局限性

油气科技成果收益分成法主要有两种类型：一种是科技成果效益剥离法。上已述及，剥离法是从实际经济收益总额出发分解，辅以专家评估后对各类科技成果收益值大小排序，对生产全要素进行剥离的方法。剥离法的基本思路值得借鉴，但其中科技成果收益分配率和技术体系内逐级分成率赋权还有待改进。另一种是油气重大科技专项增量效益法。基本评估思路是增量效益是增量产出与增量投入的差额。该方法仅考虑了科技生产增量投入贡献，忽略了其他生产要素投入贡献，高估了科技增效能力。

第二章　天然气产业科技创新要素
市场化配置模式构建

第一节　天然气科技创新要素市场化配置模式构建依据

一、适应中国特色社会主义分享经济发展的需要

(一)分享经济推进价值分配制度与管理完善

分享经济理论于20世纪80年代由美国经济学家魏茨曼首次提出，大致分为西方分享经济理论和中国公有制分享经济理论两种形态。中国公有制分享经济理论所倡导的经济利益分享观念，对净收入分成制度的分析是公有制分享经济理论的核心内容。它是建立在物力资本所有者与人力资本所有者共同拥有企业的所有权，共担风险、共享收益基础上的利益分配制度，在追求共同利益的动力驱使下，实现国家、企业和个人三者之间真正意义上的利益分享。党的十八届五中全会公报中明确指出"发展分享经济"，这将有利于油气科技成果经济价值分享理念的深化与创新实践。

(二)技术要素参与经济价值分配已成为制度性规制

我国长期坚持完善要素市场化配置以实现要素自由流动和价格反应灵活等目标，为技术作为一种重要的生产要素参与市场交易和劳动分配提供了政策支撑。党的十八届三中全会提出"让一切劳动、知识、

技术、管理、资本的活力竞相迸发"。党的二十大报告提出，坚持按劳分配为主体、多种分配方式并存，构建初次分配、再分配、第三次分配协调配套的制度体系；完善按要素分配政策制度。实际上，技术分成的原理是基于利润分享原则，知识产权制度也是一种平衡利益分享的机制。随着我国社会主义市场经济体制改革的深化，建立科技创新要素市场化配置模式，必须利用分享理论解决天然气技术要素参与收益分成的问题，在操作层面上建立有效的科技成果分配方法体系，实现油气行业企业与科技人员的价值同向。

二、深化认识生产要素协同创造价值的需要

(一)天然气产业科技创新价值的形成是生产要素协同作用的结果

天然气技术创新历经科学研究、技术成果应用转化、技术商业化等阶段，最终在内外部市场实现其价值，其动力有天然气技术推动和天然气内外部市场拉动，具有创造性、累积性、高风险性、高投入性、周期性以及效益性等特征。天然气科技创新价值类型主要体现在天然气储量和产量的增长、降本增效、市场收益增加、社会效益实现等方面。天然气产业要素组合创新增值机制是指在经济增长方式转化与发展过程中关键要素的运作机理与相互关系，本质是实现要素价值增值的过程。显然，天然气技术研发与价值形成、技术开发应用与商业价值实现，都是资本、劳动、技术、管理等生产要素协同作用的产物，生产要素理应参与价值分享。

(二)技术产品价格水平取决于新增价值能力与价值分享的经济行为

一方面，天然气技术产品价格主要以它的使用价值为基础。一项天然气技术或其产品的未来收益不仅与该技术的先进性、适用性、可靠性、成熟程度、收益周期等特性相关，还与其应用对象的油气资源

禀赋、天然气市场需求与拓展、投入经营后的资金供给、企业管理水平、宏观环境等条件密切相关。另一方面，天然气技术价格区间的实质是利润分享空间，是技术主体博弈的经济分享行为。在绝大多数情况下，天然气技术供需双方对技术转让的各项成本和预期收益的估计是不同的，加之天然气科技创新价值构成本身的复杂性，应确定合理的议价区间，供需双方在可接受的上下限值之间进行谈判，而天然气技术价格上限值是技术产品价格确定的关键。

三、单项科技成果经济价值定量评估的需要

(一)对完善科技成果评价机制的基本要求

基本原则：坚持科技创新质量、绩效、贡献为核心的评价导向。充分发挥科技成果评价的"指挥棒"作用，全面准确反映成果创新水平、转化应用绩效和对经济社会发展的实际贡献，着力强化成果高质量供给与转化应用。

坚持尊重科技创新规律。把握科研渐进性和成果阶段性的特点，创新成果评价方式方法，加强中长期评价、后评价和成果回溯，引导科研人员潜心研究、探索创新，推动科技创新价值早发现、早实现。

主要工作措施：①全面准确评价科技成果的科学、技术、经济、社会、文化价值。②健全完善科技成果分类评价体系。③加快推进国家科技项目成果评价改革。④大力发展科技成果市场化评价。⑤充分发挥金融投资在科技成果评价中的作用。⑥引导规范科技成果第三方评价。⑦改革完善科技成果奖励体系。⑧坚决破解科技成果评价中的"唯论文、唯职称、唯学历、唯奖项"问题。⑨创新科技成果评价工具和模式。⑩完善科技成果评价激励和免责机制。

(二)现有油气科技创新价值评估方法需要改进

科技创新价值评估所运用的基本方法有收益法、市场法和成本法等，这些方法存在诸多局限性，如成本＋利润定价模型没有体现技术产品特点和价格形成机制、收益法的三大基本参数(技术产品所能产生的收益大小、技术产品收益的使用年限、收益的折现率等)确定难度很大、市场法应用中缺乏相关技术交易参考值等。油气科技创新价值评估方法是基本评估方法的扩展，如中国石油的科技创新价值评估方法主要有油气科技成果效益剥离法、油气重大科技专项增量效益法、油气科技成果收益分成法等，这些方法总体表现为理论性较强、实际操作难度较大。另外，油气科技创新价值评估的规范性、制度化建设不够完善，第三方评估机构适应市场化发展的能力较弱，也缺乏科技创新价值评估的决策支持系统。因此，油气科技创新价值评估方法需要改进已是客观现实，应当充分体现生产要素协同创造价值，促进科技创新价值分成向价值分享转变，以优化科技创新价值评估方法体系与指标参数。

(三)科技创新价值评估缺乏科技创新管理会计的支持

我国管理会计存在的主要问题是体系建设不完善，如缺乏规范、学术研究薄弱、理论与实践脱节、缺乏专门的管理会计队伍等。天然气技术创新需要大量的要素投入，包括技术、资金、人员、物资、设备、信息等。伴随研究与实践的深入，要想更好地实现天然气技术要素配置、提升天然气技术创新价值，越来越需要科技创新管理会计的支持，从管理会计视角对天然气科技创新进行系统性投入与产出分析，包括天然气技术创新全要素全成本、科技成果评奖、技术服务价格评估、技术产品销售提成、研发机构考评等。

四、建立科技成果经济价值分配机制的需要

《国务院办公厅关于印发要素市场化配置综合改革试点总体方案的通知》（国办发〔2021〕51号）要求，2021年，启动要素市场化配置综合改革试点工作。2022年上半年，完成试点地区布局、实施方案编制报批工作。到2023年，试点工作取得阶段性成效，力争在土地、劳动力、资本、技术等要素市场化配置关键环节上实现重要突破，在数据要素市场化配置基础制度建设探索上取得积极进展。到2025年，基本完成试点任务，要素市场化配置改革取得标志性成果，为完善全国要素市场制度做出重要示范。

国办发〔2021〕51号文件同时要求，大力促进技术要素向现实生产力转化。一是健全职务科技成果产权制度。二是完善科技创新资源配置方式。三是推进技术和资本要素融合发展。特别是要构建充分体现知识、技术、管理等创新要素价值的收益分配机制。

第二节　天然气科技创新要素市场化配置模式结构

一、市场化配置模式构建目标

总体目标：形成具有中国特色的天然气产业科技创新要素市场化配置模式，为天然气行业、能源行业及国家有关部门关于能源科技价值创造、评估、科技成果奖励、收益分享激励水平提升，提供方法理论支持和管理决策参考。

具体目标：①健全和优化天然气产业链技术谱系，促进天然气产业链技术资源产品开发与技术谱系持续建设；②建立天然气产业科技成果经济价值和社会价值的评估方法和参数，促进其行业科技创新价值评估标准系列的编制与发布；③探索科技成果经济价值分享激励模

型和参数优化，促进天然气产业科技创新价值分享与市场化激励制度落地；④创新天然气产业科技创新价值管理策略，促进天然气产业链科技创新要素市场化配置机制建立。

二、模式结构设计的思路与原则

(一)模式结构设计思路

根据生产要素组合创新理论、技术创新理论、要素分配理论和价值管理理论，确定科技创新要素市场化配置模式结构设计思路如下。

第一，基于天然气产业链生产要素投入与产出的科技创新价值分析与创造链。一是在分析勘探、开发、储运、利用产业链全生命周期生产要素投入与产出的基础上，研究天然气产业生产要素协同创造价值机制、产业链项目效益类型与经济价值评价方法，为深化认识科技创新价值形成、溯源分配评估价值基数奠定坚实基础；二是依据技术要素资源开发战略，根据谱系学原理分别构建产业链的技术要素级序谱系，分析技术创新过程中技术资源开发(技术谱系)、转化应用、运营与交易等技术价值形成机制，研究科技创新价值实现机制、科技成果效益主要类型、科技成果创效特性，以支撑天然气产业科技创新价值收益分配评估模型构建。

第二，基于价值溯源分配的天然气产业科技创新价值评估与定价链。科技成果的科学价值、技术价值由相关产业链技术的专家评价，文化价值多由定性指标评价。依据科技创新管理会计视角，价值评估重点包括单项科技成果经济价值溯源分配评估模型及其评估参数确定、单项科技成果社会价值溯源分配评估模型及其评估参数确定、科技成果定价模型及其相关参数优化。这为单项科技成果经济价值和社会价值的量化评估方法模型、相关参数确定提供了理论和方法基础，有利于科技成果内外部市场定价与交易。

第三，基于技术要素贡献的科技创新价值分享激励链。一是科技创新价值激励分配评估模型及其评估参数确定；二是激励方式和奖励政策等。这有利于优化科技成果分配比例和实现方式，促进科技创新价值管理激励政策和制度创新。

第四，在科技创新价值形成、转化、应用与考评全过程中，科技创新价值管理的重点是关注技术要素主体与投入要素相互联系与作用的内在机理，它具有决定和影响科技创新价值分配与实现的功能，是科技创新要素市场化配置模式的关键内容，故其主要机制包括科技创新价值形成机制、科技创新价值实现机制、科技创新价值确认机制、科技创新价值交易机制、科技创新价值分享激励机制、科技创新价值分享信息管理机制等。天然气行业企业要重视对创新技术的产权确认和收益安排，保护内外部技术研发人员的合法权益，以提高其创新积极性和主观能动性。

(二)模式结构设计原则

遵循产业链生产要素主体地位平等，科技成果创新创效与产业链投入产出业务密切结合的原则；基于技术要素资源开发、应用与交易业务价值链，坚持技术要素级序与技术价值指数相匹配等原则；坚持科技创新价值评估、价值分配、价值定价与交易一体化管理原则；坚持科技创新价值分享过程的社会公允性与统筹兼顾、动态性与循序渐进，推动科技成果转化应用与价值分享协调发展，有效激励研发和技术应用人员的积极性和创造性的原则。

三、市场化配置模式结构模型设计

依据市场化配置模式结构设计思路与原则，科技创新要素市场化配置模式的基本结构由 4 部分组成(图 2-1)。①科技创新价值形成与创造市场化配置系统，包括两个方面：一是生产要素价值分析与创造子系统，即勘探、开发、储运、利用业务投入与产出，二是技术要素资源价值分析和创造子系统，即技术资源开发(技术谱系)、转化与应用、运营与交易；②科技创新成果价值评估与定价市场化配置系统，也包括两个方面：一是科技成果经济价值溯源分配评估模型及其评估参数确定，二是科技成果社会价值溯源分配评估模型及其评估参数确定；③科技创新价值分享与激励市场化配置系统，包含科技成果经济价值激励分配评估模型及其评估参数确定，以及激励方式和奖励政策等；④科技创新价值交易与平台市场化配置系统。

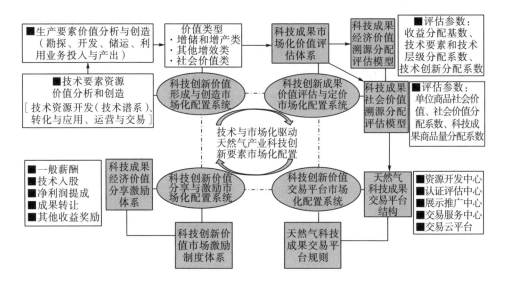

图 2-1　天然气产业科技创新要素市场化配置模式结构图

第三节　天然气科技创新要素市场化配置模式内容

一、科技创新价值形成与创造市场化配置系统

(一)生产要素与技术要素资源价值分析

科技创新价值分析是天然气产业科技创新要素市场化配置模式框架的逻辑起点，是科技创新要素市场化配置模式中各结构有机统一的

基础。技术与市场协同创新驱动的科技创新价值分析有两条路径：一是结合天然气产业链工程体系，从资本要素、管理要素、劳动要素、技术要素 4 个方面，对技术要素与其他生产要素协同作用创造的价值进行分析，详见第四章第一节；二是通过剖析技术资源（包括技术级序、名称、分布、技术竞争力等）情况，以谱系学思想为主导，梳理技术级序和特征谱系演进脉络，在形成天然气产业技术谱系的基础上，对技术资源开发（技术谱系）、转化与应用、运营与交易进行分析，厘清技术级序基础结构与价值指数定位，详见第三章的相关内容。

(二)生产要素与技术要素资源价值创造

天然气产业科技创新的主体（技术要素）是与资本、劳动和管理要素协同创造价值，即生产要素组合创新增值机制。其增值路径包括：优化要素组合创新，提高要素质量，特别是人才素质和资本质量，增加科学技术和管理创新的含量；改进生产要素配置，包括在天然气产业链间、企业间、部门间合理配置生产要素；挖掘天然气产业增长要素以及组合创新的潜在价值等。生产要素组合创新增值同时涉及创新构思产生、研究开发、设计制造和市场营销过程，强调研发、设计、生产、供应商和用户之间的联系、沟通和合作，通过增加天然气储量、产量、输量、储采量、用量和其他增效等方式创造价值。由于是生产要素协同创造价值，科技成果所有者可以进行价值分享，科技劳动者的权益通过价值分享可以得到保障。详见第四章第一节相关内容。

基于全生命周期的技术创新历经应用基础研究、应用开发研究、试验开发、企业推广应用、规模化生产和技术运营等过程。影响天然气产业科技创新价值水平的因素主要有技术应用项目的属性（项目类型、资源禀赋、项目发展阶段、相关配套条件）、技术市场预期收益、技术商品的先进程度与寿命周期、技术供需双方成本因素、技术交易市场风险等。科技创新价值分配必须建立在价值创造活动与技术主体贡献之上，即必须有绩效才能有价值分享，同时必须借助油气科技创新管理会计对科技全要素投入与产出的核算计量，价值分享才有会计基础与发展存续。详见第四章第二节相关内容。

二、科技创新成果价值评估与定价市场化配置系统

(一)科技成果市场化价值评估体系

天然气产业科技成果市场化价值评估体系建设涉及的主要内容包括：①科技创新价值评估组织管理，包括企业内部科技创新价值评估中心管理、独建或合建第三方评估公司管理、科技创新价值评估的智库管理等；②决策支持系统建设管理，包括依托互联网+、大数据等技术，开发的油气科技创新价值评估软件与决策支持系统(数据库、方法库、模型库、知识库、智库等)的建设管理；③科技创新价值评估法规管理，包括科技创新价值评估规范、科技创新价值认证流程和交易规则、外部科技创新价值评估的管理流程等合规性管理；④价值评估制度管理，如油气科技创新价值内外部认定逐级审核制度和内外部市场信息披露制度的管理等。因此，天然气产业科技成果市场化评估体系包括制度化的评价制度体系、多元化的评价组织体系、规范化的评价平台体系、智能化的评价决策支持体系和科技创新成果评价保障体系。

(二)科技成果价值评估方法模型

1. 科技成果经济价值评估方法模型

科技创新价值体系包括科学价值、技术价值、经济价值、社会价值、文化价值。一是评估科技成果的科学价值和技术价值。《国务院办公厅关于完善科技成果评价机制的指导意见》(国办发〔2021〕26号)要求，科学价值重点评价在新发现、新原理、新方法方面的独创性贡献；基础研究成果以同行评议为主，鼓励国际"小同行"评议，推行代表作制度，实行定量评价与定性评价相结合。二是评估科技成果

的文化价值。国办发〔2021〕26 号文件要求，文化价值重点评价在倡导科学家精神、营造创新文化、弘扬社会主义核心价值观等方面的影响和贡献。针对天然气产业企业，科技成果的文化价值多由科技哲学、企业文化等领域的专家，主要以相关定性指标进行评价。因此，本书重点探索科技成果经济价值和社会价值的评估方法，以及技术产品的市场定价问题。

科技成果经济价值评估是指为了确定科技创新价值分配额度，按照相关评估规范、标准或制度，以及评估流程而进行的价值评估工作，它是科技创新要素市场化配置模式最核心的内容之一。国办发〔2021〕26 号文件要求，坚持科技创新质量、绩效、贡献为核心的评价导向。经济价值重点评价推广前景、预期效益、潜在风险等对经济和产业发展的影响。《科技成果经济价值评估指南》（GB/T 39057—2020）定义科技成果的经济价值为从科技成果的转化和应用中获得的经济利益的货币衡量。

目前，评估科技成果经济价值的方法主要包括成本法、收益法、市场法等，油气行业有科技成果基础价值全成本法、科技成果经济价值剥离法、科技成果经济价值递进分成法等。本书根据收益分成法，采用科技成果经济价值溯源分配评估法对天然气产业科技成果的经济价值进行评估。

2. 科技成果社会价值评估方法模型

对科技成果社会价值的评估，国办发〔2021〕26 号文件要求重点评价在解决人民健康、国防与公共安全、生态环境等重大瓶颈问题方面的成效。本书根据收益分成法，采用科技成果社会价值溯源分配评估法对天然气产业科技成果的社会价值进行评估，详见第五章第五节相关内容。

3. 科技产品市场定价方法模型

以市场为基础来配置资源，根据供求情况来决定产品价格的高低，使价格机制充分发挥作用，提高资源配置效率。技术要素价格应该由市场来确定，应建立公正的技术要素价格评估体系和功能齐全的价格服务网络。通过市场调节形成的资源和要素价格也不一定完全合理。有必要对经评估的技术要素的价格进行跟踪、监测，并对需要评估的技术成果所有者提供咨询服务与定价指导，以保证技术要素价格能灵敏地反映市场供求，促进技术要素市场的健康发展。

技术产品市场定价是价值管理的核心内容之一。在分析科技产品定价方法(如成本＋利润定价模型、收益分成定价法、市场价格比较法等)的基础上，集成创新形成市场博弈让渡定价法，即技术产品交易参考价格等于技术产品基础价格与技术产品需求方价值让渡值之和。

1)市场博弈让渡定价数学模型

根据技术产品供需函数、技术资产风险概率分布特征、技术产品价格区间定价原理，技术产品供需双方通过利益的博弈方式来合理、均衡地分担技术产品风险和分割收益，技术产品价格通常采用供需双方在可接受的上下限之间进行谈判的实现机制，因此技术产品交易参考价格等于技术产品基础价格与技术产品需求方价值让渡值之和。天然气技术市场博弈让渡定价公式：

$$\begin{aligned} P_c &= P_{min} + \Delta P_c \\ &= P_{min} + D\Delta P_{max} \\ &= P_{min} + D[Q - C - P_c(1+\omega)] \\ &= P_{min} + D[Q_s - P_c(1+\omega)] \end{aligned} \tag{2-1}$$

$$P_c = (P_{min} + DQ_s)/[1 + D(1+\omega)] \tag{2-2}$$

式中，P_c 表示技术产品交易参考价格；P_{min} 表示技术产品基础价格；P_{max} 表示技术产品价格上限值；ΔP_c 表示技术产品需求方价值让渡值；Q 表示技术产品目标市场预期收入；ω 表示技术产品需求方应用技术所需的铺底资金率；C 表示技术产品完全成本；D 表示技术产品需求方收益区间的价值让渡系数；Q_s 表示市场预期总利润($Q_s = Q - C$)。

在上述模型中，从技术产品供应方的角度看，净利润大于零是技术产品供应方参与市场的必要条件，即技术产品供应方应获取技术产品基础价格。当然，在技术产品供应方多次转让技术的情况下，部分技术产品所获基础价格的部分收益可能被让渡。从技术产品需求方的角度看，其购买的是技术产品获利能力，价格上限是技术产品需求方投入资本的参考点，同时考虑购买技术产品的基础价格和技术产品配套费用的扣除，购买技术产品或技术服务所获得的净利润大于零。考虑价值让渡问题是在获利区间内进行。

2) 市场博弈让渡定价模型的参数确定

(1) 技术产品基础价格 ($P_{\min}$)。

从技术产品供应方的角度看，技术产品价格主要取决于技术供应方所支付的各种费用和预期新增利润。考虑技术特殊性和技术研发持续投入的特点，技术资产价值全成本法的基本公式为

$$技术产品基础价格=技术资产评估值=技术资产重置成本$$
$$-功能性贬值-经济性贬值 \qquad (2\text{-}3)$$

利用技术产品完全成本和价格变动指数对技术资产重置成本进行调查和估算。其中，技术产品完全成本包括研发账面成本、技术交易成本、机会成本等。

(2) 技术产品目标市场预期收益 (Q_s)。

技术产品目标市场预期收益由技术产品分成法确定。其计算公式为

$$Q_s=\sum(Q_i-C_i)_i(1+r)^{-i} \qquad (2\text{-}4)$$

式中，Q_s 为技术产品目标市场预期收益；Q_i 为技术产品第 i 年在目标市场的预期收入；C_i 为技术产品第 i 年的完全成本；r 为折现率；i 为预期的收益年限。

(3) 技术产品需求方应用技术所需的铺底资金率 (ω)。

油气行业项目铺底资金率一般取 30%，故技术产品需求方应用技术所需的铺底资金率取技术产品交易参考价格的 30%。

(4)技术产品需求方收益区间的价值让渡系数(D)。

在技术产品价格区间内，分别剔除基础价格、技术产品应用铺底资金后，形成供需双方谈判或讨价还价的让渡价格区间。对需求方来讲，价值让渡的行为能力取决于使用技术后的获利水平和防范技术风险的能力，获利水平越高，防范技术风险的能力越强，需求方对技术产品价格的承受能力和让利于技术产品供应方的意愿越强。

$$D = 1 - e^{TP_z} \qquad (2\text{-}5)$$

式中，T 表示技术创新分配系数；P_z 表示利润让渡变化率，%。

(5)技术创新分配系数(T)。

技术创新分配系数按照技术产品创新程度、技术先进程度、技术成熟度进行评定，综合评价评分级别采用 4 级，采用国际通用的德尔菲法，咨询应用技术开发领域专家，最后利用算术平均数方法计算得到最终权重赋值结果。

(6)买方视角下利润让渡变化率(P_z)。

P_z=(期末价格－期初价格)/期初价格

　　=(技术产品交易参考价格－技术产品价格上限值)/技术产品价格上限值

$$= (P_c - P_{max}) / P_{max} \qquad (2\text{-}6)$$

为了便于参数取值，采用类比原则，并通过加权平均统计分析得出 $\lambda = 1.732$，以下式近似确定买方视角下的利润让渡变化率水平：

$$P_z \approx (P_{min} - Q_s) / \lambda Q_s$$
$$\approx (P_{min} - Q_s) / 1.732 Q_s \qquad (2\text{-}7)$$

技术产品收益情况调研表明，目标市场预期技术产品净利润(Q_s)大于技术产品基础价格(P_{min})，或几倍，故 $P_{min} < Q_s$，$P_{min} - Q_s < 0$，表示买方对预期利润的让渡。因技术创新分配系数 $T < 0.8$，$P_{min} - Q_s < 0$，$D = 1 - e^{TP_z}$，故 $0 < D < 1$。

三、科技创新价值交易平台市场化配置系统

(一)天然气科技成果交易平台结构

天然气科技成果交易平台由技术交易组织、价值主张、核心资源和能力、目标客户、主要业务、盈利模式、商业网络、交易规则8个子系统构成。根据中国石油科技成果与知识产权交易中心建设初步方案,天然气科技成果交易中心由"四中心一平台"构成,即天然气科技成果资源开发中心、天然气科技要素认证评估中心、天然气科技成果展示推广中心、天然气科技成果交易服务中心、天然气科技成果交易云平台。结合天然气产业链自身特点,积极开展相应平台搭建,详见第六章第二节。

(二)天然气科技成果交易平台规则

建立天然气科技成果交易市场的制度和规范。强化天然气科技成果交易平台建设与运营风险防范,如交易平台营运风险,交易平台财务风险,交易平台的信用、法律与合同风险和技术交易纠纷等。

开展规范化的交易是技术交易市场的基本要求。天然气行业企业应结合实际建立技术交易与技术产权交易服务规范,制订标准化流程,规范受理服务程序,全面提升科技中介机构的服务能力,促进技术转移服务行业可持续发展,提高技术交易的质量,加强产学研合作,鼓励和支持技术成果的交易和转让。

四、科技创新价值分享与激励市场化配置系统

(一)科技成果经济价值分享激励体系

技术创新过程与价值分享过程较复杂,需要创新价值分配方式。价值分配方式是指技术要素价值分配实现路径的选择方式,是科技创

新要素市场化配置模式的重要内容。价值分配的主要方式包括薪酬类分享方式，如岗位技能工资和技术人员特殊津贴、一次性科技奖励分享、科技项目承包奖励分享等；非薪酬类分享方式（主要为市场化方式），如技术入股分享、税后净利润提成分享、技术成果转让报酬分享、直接现金式利润分享、股票分红等。①技术创新激励性薪酬体系，包括项目奖金提成和股权激励，如人才股权、技术入股和分红激励等经济价值分配形式。②技术创新奖励体系，包括一般性奖励主要是对专利和著作、优秀论文等给予的激励；特殊性奖励如科技人员科研专项资金资助；非常规性激励如以职务科技成果作价投资形成的股权奖励等。③科技成果转化收益体系，包括股权出售、股权奖励、项目收益分红、岗位分红等。④技术创新绩效考核体系，包括工作业绩指标、工作态度指标、工作能力指标，以及工作效率与效果、市场化开发运营水平、经济和社会效益、客户满意度等多种指标。

（二）科技创新价值市场激励制度体系

1. 全面贯彻落实国家相关政策

如《国务院办公厅关于印发要素市场化配置综合改革试点总体方案的通知》（国办发〔2021〕51号），科技部等9部门印发的《赋予科研人员职务科技成果所有权或长期使用权试点实施方案》（国科发区〔2020〕128号），国务院国有企业改革领导小组办公室印发的《关于"科改示范企业"扩围及调整有关事项的通知》（国企改办〔2022〕2号）等。同时，建立科技成果权益初始分配制度，构建科技成果转化强制许可制度，优化科技创新人员按价值贡献评价与激励的机制。

2. 动态分析调整科技成果转化的市场化激励条件

实施全生命周期市场化合约确定激励分配基数。科技项目实施要与承担单位签订技术开发合同，收益分配在市场化合同中约定，可分配额度需要第三方市场化中介评估，科技成果与知识产权产品市场化交易需要经过线上或线下合约确定收益。

职务科技成果权属改革与市场化分配。国务院国有企业改革领导小组办公室印发的《关于"科改示范企业"扩围及调整有关事项的通知》(国企改办〔2022〕2号)的核心内容之一就是开展赋予科研人员职务科技成果所有权或长期使用权试点，并行推进职务成果"三权"改革和所有权改革试点，以激活产权激励。

科技成果价值第三方市场化评价。为进一步规范科技成果价值评估的方法，国家相关部委颁发了系列文件，其主要精神包括不断规范科技成果转化的评估活动、编制发布科技成果评估方法标准、激活中介服务活力、鼓励创办从事技术经济评估的中介服务机构、建立主要由市场决定评价成果的机制。

科技成果转化市场化交易平台建设是破解科技成果转化"最后一公里"难题的主要途径。科技成果转化成功的关键是寻找合适的交易对象，搭建畅通的市场交易渠道。

科技成果市场化激励政策法规保障。在技术要素方面，着力激发技术供给活力，促进科技成果转化，打破央企科技人员薪酬待遇"天花板"。这需要解决职务科技成果的权属与分配比例问题，完善成果转化和收益分配机制，实现收入激励方式多元化。

3. 持续优化科技创新价值激励额度测算方法

长期以来，技术要素参与分配是一项探索性工作，是一项带有方向性的系统工程。针对天然气产业链各企业背景和不同发展阶段的需求，特别是天然气产业链大多数科技成果创新创效与企业的资源禀赋及投入密切相关，并且绝大多数属于职务科技成果，与高校和事业单位科技创新创效的生产要素投入差距较大。因此，应采用不同的利润分成额度、方式和形式，形成一个可持续优化的分享额度与策略。这需要不断优化与改进科技创新成果经济价值分享激励额度测算模型及其主要参数。

第三章 天然气产业链技术谱系构建与价值指数赋权

第一节 基于谱系学的天然气产业链技术谱系构建与技术级序价值指数赋权

以谱系学思想为主导，基于资源战略认知规律，通过分析天然气产业技术应用市场需求、技术产品以及发展趋势，梳理技术级序和特征谱系演进脉络，形成天然气产业链技术谱系。形成天然气产业链技术谱系有利于明晰天然气产业链发展方向和实现目标所需的关键技术，也有利于厘清技术级序之间的关系，推进技术要素组合创新，扩大天然气产业链技术群规模，大幅提升天然气产业链的技术水平、技术产品市场适应能力与国际竞争力。因此，天然气产业链技术谱系研究能为强化天然气产业链技术级序、技术要素组合创新和技术资源战略管理奠定坚实的基础。

一、天然气产业链技术谱系构建的意义

（一）天然气产业链技术资源战略管理创新的需要

天然气产业具有勘探开发、储运、利用一体化的鲜明特征，特别是天然气勘探开发具有"三高"（高风险、高收益、高投入）特点。未来我国天然气产业将进入常规与非常规天然气并重发展的阶段，为了适应天然气产业链不同环节，例如不同勘探开发领域、不同气藏类型

等的技术需求，需要个性化、系列化的技术谱系与之适应，即需要适用于常规和非常规天然气勘探开发、储运和利用等环节的技术谱系，以支撑天然气全产业链技术升级，保障天然气产业绿色低碳规模化可持续发展。

目前，油气专业学科分类和专业职称序列已经形成规范，油气企业把科技战略列入企业战略规划，并多举措保障规划实施，大多数油气企业重视专利技术、著作权等无形资产管理。然而，油气企业对覆盖油气全产业链的技术级序结构分布缺乏规范梳理，技术资源（包括技术级序、名称、分布、竞争力等）情况不够清晰，尚未建立以技术级序资源架构为主的"天然气技术花名册"，更未对技术资源进行制度性规范管理，难以厘清技术级序基础结构与价值指数定位。这制约着天然气技术资源战略管理水平提升，也制约着油气科技发展战略的有效实施。

（二）天然气产业科技成果价值评估方法优化的需要

科技成果价值评估的基本方法包括收益现值法、成本法、成本收益现值法等，这些方法应用到具体油气科技成果价值评估时各有优缺点。我国油气科技成果价值评估工作取得了显著成效，例如科技成果效益剥离法首创于中国石油"石油科技成果直接经济效益计算方法"（2002 年），形成了《石油石化行业技术创新成果评价方法》（2003年），2017 年该方法又得以深化和优化。其核心方法是增量收益法，通过对科技成果产生的效益进行逐层剥离，最终得到具体单项技术的效益贡献，主体思路值得借鉴，但在逐层剥离时技术级序设计和基本功能赋权不够规范，影响其推广应用。

研究与实践充分表明，天然气产业链不同业务决定其技术需求，不同业务具有层级性，制约技术的级序性，其基本级序结构决定其基本功能价值指数，显然突破单项科技成果经济价值分配的瓶颈就是解决好技术级序与基本功能价值赋权。对天然气产业技术创效收益分配率的计算，必须遵从天然气技术创效特性和价值实现过程，无论技术创造的效益是直接的还是间接的，其收益分配率大小都受控于技术要素、技术级序、技术创新的创效能力。因此，必须以天然气产业链技术谱系为基础，解决以技术级序为基础的基本功能价值量化问题，否则难以突破从总体技术要素到单项科技成果收益分配率测算的瓶颈。

（三）天然气科技成果有形化与商业化发展的需要

中国石油重视科技创新价值化与商业化发展，按照"总体设计、突出特色、明确载体、形成资产、共享传承、重在应用"的思路进行技术有形化的探索与实践，建立了以技术手册、宣传手册和宣传片为主导的有形化技术产品，推广应用成效显著，促进了科技成果的科技价值和商业价值的实现。

与有形化技术树的梳理与构建不同，天然气产业链技术谱系的梳理与构建并不只以天然气产业特色技术成果为对象，而是以天然气产业链主体业务及其技术级序需求为导向，对天然气全产业链的技术级序体系进行总体设计，并综合考虑其基本级序结构分布和价值指数。显然，天然气有形化技术树与技术谱系结构的差异主要表现在设计理念、定位与目标、结构与数量、主要用途等方面。例如，在设计理念方面，技术树逻辑起点自定，可为任一特色技术对象，重视其纵横关系描述。技术谱系逻辑起点为天然气产业链，重视技术级序基础结构设计，尊重技术级序基础价值指数，可较为系统和全面地描述技术级序的基本关系。

总之，天然气产业链技术谱系的构建能有效指导和推进天然气技术有形化工作。天然气技术有形化工作主要针对专项特色技术进行，有形化技术树是针对特定的特色技术级序进行梳理，所以它可成为技术谱系构建的基础工作之一，技术手册是技术级序特征谱系的基础要素之一。

二、天然气产业链技术谱系的构建思路与原则

(一)坚持天然气产业链工程专业体系决定技术级序需求,形成三级基础级序

遵循天然气产业相关规范标准和专业学科分类等原则,设计基础级序结构和数量。根据油气专业学科分类、专业职称序列、技术有形化设计方案,采用三级基础级序设计。单项科技成果主要分布在第四级,主要依据如下。

依据一:《中国石油天然气集团有限公司职称专业技术岗位系列(试行)》中的工程技术类专业技术岗位系列(2014 年),除石油炼制外,一级专业技术 9 个、二级专业技术 54 个、三级专业技术 221 个,三级专业技术存在下一级技术,即四级技术。《中国石油科技成果评奖经济效益计算办法》(2017 年),也按照四级分类。

依据二:针对中国石油 2016～2021 年下属企业申报的涉及油气勘探开发专业领域的科技成果共计 203 项进行分析。专业包括:油气地质(37 项)、油气物探工程(11 项)、石油钻井工程(22 项)、测井技术(12 项)、油气藏工程(31 项)、采油采气工程(50 项)、地面工程(22 项)、油气田安全环保(7 项)、石油装备(信息技术)(11 项)。分析结果表明,单项科技创新成果的主要创新点主要分布在四级或四级以下级序。许多成果还表现出单一创新点还包含多个次一级创新点。单项科技成果的创新点大部分涉及多个二级技术,部分还涉及一级技术,这是由于多家单位(1～6 家)申报,近年表现出多专业集成创新与多机构联合申报的特点。单项科技创新成果的子技术结构由 3～10 个科技创新点或单一科技成果(新方法、新技术、新材料、新工艺、新产品、新设备样机性能等)组成。

依据三:中国石油西南油气田公司天然气勘探开发有形化技术一级(技术体系)5 个、二级(技术系列)26 个、三级(单项技术)127 个,

其单项技术都是由若干单一技术组合叠加形成，实际上也为四级分类（图 3-1）。值得关注的是，有形化技术中的单项技术和工程技术类专业技术岗位系列中的三级技术，都是由四级及其下一级的几项单项技术组合或单一技术叠加的产物。实际上，四级及其以下的技术结构表现得更加复杂，数量众多。

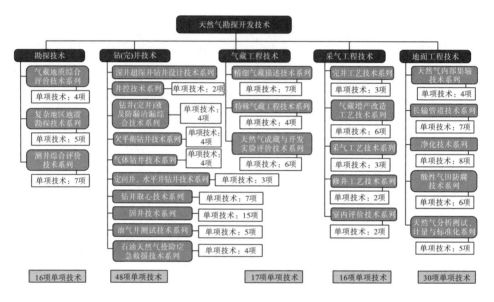

图 3-1　天然气勘探开发有形化技术树结构图

［据中国石油西南油气田公司有形化技术成果(2015 年)］

（二）依据天然气产业链主体工程专业的层级相关性，确定一级、二级、三级技术级序

根据天然气产业链相关规范和标准，以支撑天然气产业链的主体工程专业结构，确定一级技术系列结构和名称。参照油气专业学科分类、专业职称序列、技术有形化设计方案，以支撑每个主体工程的业务链结构，确定二级技术系列结构和名称。以支撑每个业务的作业链结构，确定三级技术系列结构和名称。

需特别指出的是，安全环保、装备与信息化应列入天然气产业链技术级序并确定其价值指数，主要依据：第一，长期以来，国家和油气行业十分重视安全环保业务，绿色低碳发展的关键之一是解决油气业务链各环节的安全环保技术问题，在主体技术研发和应用中都要体现绿色和安全理念。为了强化对安全环保、数字化技术创新的作用，应充分考虑安全环保和数字化技术创新创效的贡献。第二，国家和油气行业高度重视装备制造，装备是技术凝结于设备、材料、软件中的集中表现，也是技术优势和技术竞争力的集中体现。例如，气藏地质、气藏工程、钻井工程、采气工程、地面工程的每个环节中都涉及装备与信息化和安全环保问题，是不可忽视的。因此，应从天然气产业链视角，将地面工程、信息工程、安全工程技术级序分别归集到勘探、开发、储运、利用等产业链技术级序中。例如，地面工程包括勘探地面工程、开发地面工程、管道地面工程、储气库等；信息工程包括勘探信息工程、开发信息工程、管道信息工程、储气库信息工程等；安全工程包括勘探安全工程、开发安全工程、管道安全工程、储气库安全工程等。

(三)坚持科技成果协同创造价值原则，按照技术级序结构赋权其价值指数实现收益应享尽享

坚持"生产要素共投、经济价值共创、收益应享共享"的原则。应以一级法人的油气集团企业投入的科技成果为核算评估对象，包括应用基础研究成果、应用技术研究成果、应用技术开发成果。投入科技成果的企业应包括直接和间接提供天然气技术资源的集团企业下属相关企业。对一级法人企业以外的投入不予考虑，如国家、行业公共科技成果应用等。

三、天然气产业链技术谱系结构设计

根据天然气产业链技术谱系的构建思路与原则，按照天然气产业链上中下游产业，构建天然气勘探、天然气开发、天然气长输管道、天然气储气库、天然气利用等的技术谱系，结果如图 3-2 所示。

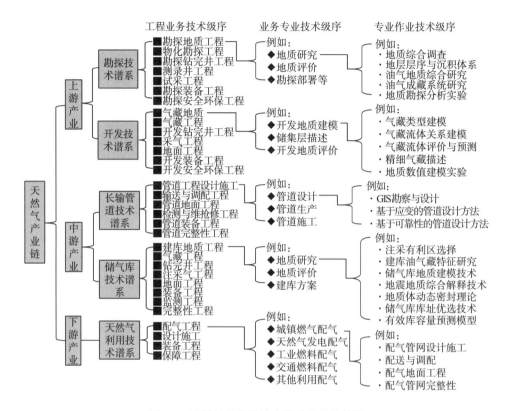

图 3-2　天然气产业链技术谱系基础结构图

四、技术级序价值指数赋权方法

（一）层次分析法

层次分析法适用于天然气产业链各环节技术级序的价值指数指标分解、判断、排序、综合评估模型。运用层次分析法确定评价体系中指标的权重，通过功能指数法和专家赋值法，确定指标的重要程度。

$$R = W \times B = \sum_{i=1}^{n}(W_i \times B_i) \tag{3-1}$$

式中，R 为评估指数；W 为该层次的指标权重；W_i 为该层次第 i 项指标的权重；B 为该层次的指标值；B_i 为该层次第 i 项指标的得分值；n 为指标个数。

(二)功能指数法

功能指数法又称相对值法，在功能指数法中，功能的价值用价值指数 (V_i) 表示，功能的重要程度用功能指数 (F_i) 表示；将评价对象的功能指数与相对应的成本指数 (C_i) 相除，可得出该评价对象的价值指数，并求出该对象的成本改进期望值。功能指数法的计算公式如下：

$$V_i = \frac{F_i}{C_i} \tag{3-2}$$

第二节　勘探和开发技术谱系构建与价值指数赋权

一、勘探和开发工程业务系统构成及作用

天然气行业主体属于资源采掘业，生产经营的核心是根据市场需求不断寻找地下天然气资源，把投入资本转化为储量，采用先进的开采工艺技术，将气藏中的可采储量开采出来，经加工处理后转变成可利用的商品天然气，并通过管道或其他方式输送给用户。因此，处于产业链上游的天然气勘探和开发工程是一个综合性、系统性的资源开采与生产过程，包括气藏地质、资源勘探、钻井作业、气藏工程以及气田集输与净化处理等多个工程业务链。

（一）天然气勘探工程

天然气勘探是指利用各种勘探手段了解地下的地质状况，认识油气生成、储集、运移、聚集、保存等条件，综合评价含油气远景，确定天然气聚集的有利地区，找到储集的圈闭，并探明油气面积，弄清气层情况和产出能力的过程。根据了解地下地质状况的程序和工作特点，天然气勘探工程分为区域勘探、圈闭预探和油气藏评价勘探 3 个主要工程业务链，地震勘探、钻（完）井、安全环保和信息化业务贯穿于这 3 个工程业务链。

（二）天然气开发工程

根据中国石油《天然气开发管理纲要》，按产量将气田开发划分为上产、稳产、产量递减和低产 4 个阶段，划分节点分别为产量达到方案设计规模、产量开始递减和产量低于方案设计规模 20%。随着气田开发的不断进行，多种类型的气藏（如低渗砂岩气藏、高含硫气藏、异常高压气藏、有水气藏等）相继投入开发。这些气藏具有不同的地质及开发动态特征，开发过程及效果存在较大差别。现有研究多参考油气田开发阶段的划分模式，利用产量等指标划分油气田开发阶段，并由此确定相应的开发规模。天然气开发工程主要包括气藏工程和采气工程等。

二、勘探和开发技术谱系构建

（一）勘探和开发技术谱系构建思路与依据

依据构建天然气产业链技术谱系的总体思路，遵循勘探和开发各层级业务所决定的技术级序需求设计勘探和开发技术谱系结构。遵循天然气勘探和开发基本业务链，根据相关文献以及中国石油有形化技术成果资料(2008～2018年)整理,构建出天然气勘探和开发技术谱系。

1. 一级勘探和开发技术系列设计

按照《石油天然气勘探规范》(GB/T 39537—2020)和中国石油《天然气开发管理纲要》,以支撑天然气勘探和开发的主体工程专业,确定一级技术系列结构和名称。天然气开发工程主要包括气藏地质、气藏工程、钻井工程、采气工程、地面工程、经济评价等。因此,一级开发技术系列包括气藏地质、气藏工程、开发钻完井工程、采气工程、地面工程、开发装备工程、开发安全环保工程。

考虑天然气勘探与开发业务的相关性和差异性,根据《石油天然气勘探规范》(GB/T 39537—2020),按地质认识将勘探程度划分为区域勘探、圈闭预探、油气藏评价勘探三个阶段,归集天然气勘探专业一级技术。在一级技术系列中考虑勘探装备和安全环保技术,其理由与一级开发技术系列设计基本一致。中国石油科技管理涉及的勘探开发专业包括:油气地质、油气物探工程、石油钻井工程、测井技术、油气藏工程、采油采气工程、地面工程、石油装备、油气田安全环保等。因此,一级勘探技术系列包括:勘探地质工程、物化勘探工程、勘探钻完井工程、测录井工程、试采工程、勘探装备工程、勘探安全环保工程。

2. 二级勘探和开发技术系列设计

依据天然气勘探和开发工程业务链所对应的技术级序需求,并参照油气专业学科分类、专业职称序列、技术有形化设计方案等,归集二级勘探和开发技术系列。

3. 三级勘探和开发技术系列设计

按照勘探和开发工程业务链所对应专业作业的支撑技术体系,归集三级技术系列。三级技术系列内容很复杂,加之各油气田企业使用三级技术的结构和名称差别较大,具体应结合实际进行梳理和规范管理。

(二)勘探和开发技术谱系级序及其价值指数赋权建议

1. 一级、二级、三级勘探技术级序设计优化与价值指数赋权

依据勘探和开发技术谱系的构建思路与原则，设计一级、二级、三级勘探技术系列，并进行价值指数赋权(表 3-1)。

表 3-1　一级、二级、三级勘探技术级序及其价值指数赋权建议表

一级技术名称(D_i)/价值指数	二级技术名称(D_{ij})/价值指数	三级技术名称(D_{ijm})
勘探地质工程/0.25	地质研究/0.40	如地质综合调查、地层层序与沉积体系、地质构造-沉积模式、油气地质综合研究、含油气盆地综合研究、油气成藏系统研究、地质勘探分析实验等技术
	地质评价/0.30	如天然气成因判识与气源评价、岩性和储层评价、含油气构造与圈闭评价、成藏与富集规律评价、天然气资源与勘探潜力评价、风险勘探评价、矿权区块评价、有利区目标优选与井位论证等技术
	勘探部署/0.30	如盆地勘探部署、区域勘探部署、构造勘探部署、圈闭勘探部署、井位勘探部署、物化勘探部署、数字气田部署等技术
物化勘探工程/0.20	非地震勘探/0.10	如重力勘探、磁力勘探、电法勘探、化学勘探、遥感勘探、非地震综合勘探、非地震勘探试验等技术
	二维地震勘探/0.30	如二维地震采集、二维地震成像处理、二维地震构造解释、二维地震地层解释、二维地震流体检测与预测、二维地震综合解释与描述、二维地震勘探试验等技术
	三维地震勘探/0.60	如三维地震采集、三维地震成像处理、三维地震构造解释、三维地震地层解释、三维地震流体检测与预测、三维地震综合解释与描述、三维地震勘探试验等技术
勘探钻完井工程/0.20	勘探钻井/0.40	如钻井地质设计、钻井工程设计、直井和水平井或多分支井、欠平衡钻井、气体钻井、定向钻井、智能钻井、储层保护、钻井取心、钻井液及堵漏、井控与油气井抢险灭火、钻井(完井)液及防漏治漏综合评价、钻井试验等技术
	勘探完井/0.30	如完井工艺设计、固井、射孔、井口安装、试井、完井液、完井试验等技术
	勘探井下作业/0.30	如修井作业、井下防漏治漏、储层上试、水防治、堵水工艺、气井试井工艺、井下测量与控制、井下作业试验等技术
测录井工程/0.10	录井/0.40	如录井工程采集、录井信息传输发布综合服务、录井资料处理、录井资料解释评价、录井分析实验、综合录井解释评价等技术
	测井/0.60	如测井工程采集、测井信息传输发布综合服务、测井资料成像处理、测井资料解释与描述、综合测井解释评价、测井分析实验等技术

续表

一级技术名称（D_i）/价值指数	二级技术名称（D_{ij}）/价值指数	三级技术名称（D_{ijm}）
试采工程/0.10	压裂/0.50	如压裂方案设计、酸化压裂、压裂液、压裂工艺、压裂液处理、压裂试验、压裂效果评价等技术
	试油/0.25	如试采方案设计、洗井、试采射孔、封层、试油评价、试油试验等技术
	测试/0.25	如测试方案设计、中途测试、地层测试、产量测试、测试资料综合解释等技术
勘探装备工程/0.10	地质装备/0.10	如地质勘探的设备、仪器、工具、材料、软件、数据库等技术
	物化装备/0.20	如物化勘探的设备、仪器、工具、材料、软件、数据库等技术
	钻完井装备/0.40	如钻完井工程的设备、仪器、工具、材料、软件、数据库等技术
	测录井装备/0.10	如测录井工程的设备、仪器、工具、材料、软件、数据库等技术
	试采装备/0.20	如试采工程的设备、仪器、工具、材料、软件、数据库等技术
勘探安全环保工程/0.05	地质安全环保/0.10	如地质勘探安全控制、环境保护、节能减排、HSE（health，safety，environment，健康、安全、环境）综合评价等技术
	物化安全环保/0.20	如物化勘探安全控制、环境保护、节能减排、HSE 综合评价等技术
	钻完井安全环保/0.40	如钻完井安全控制、环境保护、节能减排、HSE 综合评价等技术
	测录井安全环保/0.10	如测录井安全控制、环境保护、节能减排、HSE 综合评价等技术
	试采安全环保/0.20	如试采安全控制、环境保护、节能减排、HSE 综合评价等技术

2. 一级、二级、三级开发技术级序设计优化与价值指数赋权

依据勘探和开发技术谱系的构建思路与原则，设计一级、二级、三级开发技术级序，并进行价值指数赋权（表3-2）。

表3-2 一级、二级、三级开发技术级序及其价值指数赋权建议表

一级技术名称（D_i）/价值指数	二级技术名称（D_{ij}）/价值指数	三级技术名称（D_{ijm}）
气藏地质/0.20	开发地质建模/0.40	如气藏类型建模、气藏流体关系建模、气藏流体评价与预测、精细气藏描述、地质数值建模实验等技术
	储集层描述/0.30	如储集层对比分析、储集层物性分析、储集层分布与预测、储层敏感性评价、储层流体评价、储集层分析实验等技术

续表

一级技术名称（D_i）/价值指数	二级技术名称（D_{ij}）/价值指数	三级技术名称（D_{ijm}）
气藏地质/0.20	开发地质评价/0.30	如储层评价、圈闭识别与评价、气藏流体评价、储量评价、气藏产能评价、气藏地质开发方案评价等技术
气藏工程/0.20	开发物探/0.30	如地震采集与处理、地震解释与描述、地震检测与预测、开发测录井、开发地震测录井综合评价、无源地震监测、生产测井、开发地震实验、开发测井实验等技术
	气藏评价/0.50	如气藏流体性质评价、储层评价与预测、气藏开发动态描述、剩余天然气储量分布描述、天然气藏储量评估、气藏地质开发方案评价、气藏数值模拟与评价、气藏物性与流体渗流机理评价、储层伤害机理实验等技术
	气井试井/0.20	如稳定试井、不稳定试井、直井试井、水平井试井、数值试井解释、产能试井、气井试井试验、试井分析评价等技术
开发钻完井工程/0.15	开发钻井/0.40	如钻井地质设计、钻井工程设计、直井、储层保护、钻井取心、钻井液及堵漏、井控与油气井抢险灭火、钻井(完井)液及防漏治漏综合技术、钻井试验等技术
	开发完井/0.30	如完井工艺设计、储层保护、固井、射孔及完井液设计、完井生产管柱设计、举升工艺、气井生产动态模拟、完井的试井评价等技术
	开发井下作业/0.20	如修井作业、井下防漏治漏、储层上试、水防治、堵水工艺、井下节流采气工艺、气井试井工艺、井下测量与控制、井下作业试验等技术
	开发测试/0.10	如修井作业、井下防漏治漏/水防治、堵水工艺、井下节流采气工艺、井下测量与控制、储层保护技术、开发测试综合评价等技术
采气工程/0.15	气田开发设计/0.30	如气田开发方案设计、气藏开发方案调整与优化、气藏开发方案监控、气藏开发方案评价等技术
	采气工艺/0.30	如排水采气工艺、气举泡排采气工艺、电潜泵排水采气、气井动态测试、气藏动态监控、气井生产系统动态分析、不压井、采气工艺实验等技术
	增产改造/0.40	如开发方案调整、储层压裂改造、储层酸化改造、储层工厂化作业、老气田增产挖潜、储层改造增产效果评价、提高采收率配套工艺、储层酸化实验室、压裂酸化实验、增产实验评价等技术
地面工程/0.15	场站集输/0.40	如地面集输方案设计、集输工艺、集输管网、地面工程自动化、技术集输完整性评价、气田防腐蚀监测与检测等技术
	回收与处理/0.30	如凝液与轻烃回收、硫磺回收与酸气尾气处理、脱碳与脱水处理、采出水处理、污泥处理、天然气净化实验室、防腐监测与评价等技术
	计量与检测/0.30	如集输计量、计量分析测试、计量标准化、计量与仪表检测等技术
开发装备工程/0.10	开发地质装备/0.25	如开发地质的设备、仪器、工具、材料、地震软件、数据库等技术
	气藏工程装备/0.25	如气藏工程的设备、仪器、工具、材料、地震软件、数据库等技术
	开发钻完井装备/0.15	如开发钻完井的设备、仪器、工具、材料、地震软件、数据库等技术
	采气装备/0.20	如采气的设备、仪器、工具、材料、地震软件、数据库等技术

续表

一级技术名称（D_i）/价值指数	二级技术名称（D_{ij}）/价值指数	三级技术名称（D_{ijm}）
开发装备工程/0.10	地面工程装备/0.15	如地面工程的设备、仪器、工具、材料、地震软件、数据库等技术
开发安全环保工程/0.05	开发地质安全环保/0.25	如开发地质的安全控制、环境保护、节能减排、HSE 综合评价等技术
	气藏工程安全环保/0.25	如气藏工程的安全控制、环境保护、节能减排、HSE 综合评价等技术
	开发钻完井安全环保/0.15	如开发钻完井的安全控制、环境保护、节能减排、HSE 综合评价等技术
	采气工程安全环保/0.20	如采气工程的安全控制、环境保护、节能减排、HSE 综合评价等技术
	地面工程安全环保/0.15	如地面工程的安全控制、环境保护、节能减排、HSE 综合评价等技术

第三节　长输管道技术谱系构建与价值指数赋权

一、管道工程业务系统构成及作用

天然气管道是将天然气(包括油田生产的伴生气)从开采地或处理厂输送到城市配气中心或工业企业用户的管道，又称输气管道。利用天然气管道输送天然气，是陆地上大量输送天然气的唯一方式。在世界管道总长中，天然气管道约占一半。管道运输不仅运输量大、连续、迅速、经济、安全、可靠、平稳，而且投资少、占地少、费用低，并可实现自动控制。其主要特点是以陆路运输为主，运输量大；可长距离输送，投资规模大；输气系统网络化。

(一)集气管道

气田集气管道一般是为了气田内部管理、生产开发、工艺要求而建设的从井口至集气站(气体处理厂)的天然气输送管道，主要用于收集从地层中开采出来未经处理的天然气。通常这类管道的管径较小，距离也不是很长。气井压力很大，管径为 50～150mm。

（二）输气管道（长距离输气管道）

输气管道是指从气体处理厂或起点压气站到各大城市的配气中心、大型用户或储气库的管道，以及气源之间相互连通的管道，输送经过处理符合管道输送质量标准的天然气，是整个输气系统的主体部分。输气管道管径较大，目前最大的输气管道管径为 1420mm。完整的长距离输气管道一般由以下几部分组成。

1. 首站

首站就是输气管道的起点站。输气首站一般在气田附近，对进入管道的天然气进行分离、调压和计量，同时还具有气质检测控制和发送清管球的功能。如果输气管道需要加压输送，则在大多数情况下首站同时也是一个压气站。

2. 中间气体接收站和分输站

中间气体接收站收集来自支线或管道沿线气源的天然气，中间分输站的主要功能是向管道沿线的支线或用户供气。中间气体接收站或分输站通常设有天然气调压和计量装置，某些接收站或分输站同时也是压气站。

3. 压气站

压气站是输气管道的心脏，其功能是给气体增压以维持所要求的输气流量，一般情况下，两个压气站的间距为 100～400km。压气站的主要设备是输气压缩机组，包括气体压缩机（离心式或往复式）和与之配套的原动机。

4. 清管站

清管站的作用是发送、接收清管器，它可以与其他站场合建在一起，也可单独建站，用于定期清除管道中的杂物(如水、液态烃、机械杂质和铁锈等)。清管站的间距一般为 100～150km。

5. 末站

末站就是输气管道的终点站。气体通过末站，供应给用户。末站具有调压、过滤、计量、接收清管器等功能，有时还兼有为城市供气系统配气的功能。此外，为了解决管道输气量和用户用气量不平衡问题，末站还设有调峰设施，如地下储气库、储气罐等。若输气管道末站直接向城市输配气管网供气，则被称为城市门站。

6. 干线截断阀室

干线截断阀室是为及时进行事故抢修、防止事故扩大而设置的。根据管道所经过地区等级(根据人口和建筑物密度等因素，可以将管道所经过地区划分为 4 个等级)的不同设置干线截断阀室，其间距为 8～32km。此外还应在管道穿跨越段两侧设置干线截断阀。

7. 储气站

为满足调峰和应急供气的需要，在输气管道终点附近通常建有配套的地下储气库或地面储气站。地下储气库主要用于季调峰和应急供气，地面储气站一般只用于日调峰和小时调峰。由于天然气具有可压缩性，因此输气管道末段也具有一定的储气调峰能力，在大多数情况下可以用其取代地面储气站。

(三)配气管道

配气管道是指从城市调压计量站到用户支线的管道，压力低、分支多,管网稠密,管径小,除大量使用钢管外,低压配气管道也可用塑料管或其他材质的管道。常见的燃气公司的燃气管道基本属于这一类型。

二、长输管道技术谱系构建

(一)长输管道技术谱系构建思路与依据

根据构建天然气产业链技术谱系的总体思路,以及管道相关设计施工规范和油气管道技术有形化成果,构建一级、二级、三级长输管道技术级序。例如,中国石油油气管道技术共包括 5 大系列 29 项特色技术(图 3-3),成功应用于国内的 X 管道、X 二线管道、西部管道、忠武管道、兰成渝管道等工程建设与管理,以及苏丹、利比亚、印度、俄罗斯、中亚等国外管道工程建设与运行管理。

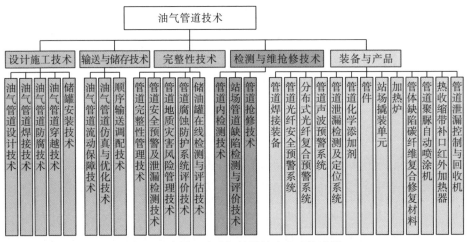

图 3-3　中国石油油气管道技术有形化成果

[据中国石油有形化技术成果(2016 年)]

(二)长输管道技术级序及其价值指数赋权建议

依据长输管道技术谱系构建思路与原则,设计一级、二级、三级长输管道技术级序，并进行价值指数赋权(表 3-3)。例如，一级技术体系包括管道工程设计施工、输送与调配工程、管道地面工程、检测与维抢修工程、管道装备工程、管道完整性工程等。

表 3-3　一级、二级、三级长输管道技术级序及其价值指数赋权建议表

一级技术名称(D_i)/价值指数	二级技术名称(D_{ij})/价值指数	三级技术名称(D_{ijm})
管道工程设计施工/0.25	管道设计/0.40	如 GIS 勘察与设计、基于应变的管道设计方法、基于可靠性的管道设计方法等技术
	管道生产/0.30	如热轧钢板生产、直缝埋弧焊管生产、感应加热弯管和三通生产、高钢级管道断裂控制、管件制造等技术
	管道施工/0.30	如管道穿越(非开挖穿越)、管道焊接(高钢级管道焊接、机械化补口、焊接新材料、管道承压、自动焊接、智能化焊接等)、现场焊接重大工艺等技术
输送与调配工程/0.20	管道流动保障/0.40	如流动变化规律等技术
	仿真与优化/0.30	如油气管道系统运行和控制过程的数字化、运行方案优化、管道仿真系统、流动状态、设备运行状态、管道运行优化数学模型等技术
	输送调配/0.30	如输送管道调度管理系统、安全节能输送、管网集中调控平台等技术
管道地面工程/0.20	场站集输/0.40	如地面集输方案设计、集输工艺、集输管网、地面工程自动化、集输完整性评价、气田防腐蚀监测与检测等技术
	回收与处理/0.30	如凝液与轻烃回收、硫磺回收与酸气尾气处理、脱碳与脱水处理、采出水处理、污泥处理、天然气净化实验室、防腐监测与评价等技术
	计量与检测/0.30	如集输计量、计量分析测试、计量标准化、计量与仪表检测等技术
检测与维抢修工程/0.10	管道监测/0.40	如超声导波检测、超声测厚、超声裂纹、电磁超声、管道风险监测、水下穿越管道检测、管道泄漏监测、光纤安全预警、管道地质灾害监测与评价、管道内检测(管道漏磁腐蚀内检测、管道变形检测、管道清管、埋地管道外防腐层状况检测)、管道缺陷检测与评价等技术
	管道腐蚀与保护/0.30	如防腐材料/涂层检测评价与修复、阴极保护检测评价与模拟、杂散电流检测评价与减缓、管道内腐蚀防护、区域性阴极保护、防腐材料/涂层检测评价与修复等技术
	管道维抢修/0.30	如油气管道运行维护、高钢级管道自动焊修复、复合材料修复、复合钢制内衬修复、管道抢修(带压抢修、更换腐蚀管段、加装装置、分输改造)等技术
管道装备工程/0.15	管道机械/0.40	如压缩机组、管道焊接及配套装备、机械化补口装备、非开挖穿越装备、站场撬装设备、站场用加热炉、管道聚脲自动喷涂机、红外加热器、管道泄漏控制与回收机等技术
	管件与材料/0.30	如管件(弯头、三通、四通、异径管、管箍、内外螺纹接头、活接头、快速接头、螺纹短节、加强管接头、管堵、管帽等)、全焊接球阀、高钢级管线钢(×70、×80、×90、×100 管线钢)、阀门、流量计、非标装备、管道化学品添加剂、碳纤维复合修复材料等技术

续表

一级技术名称（D_i）/价值指数	二级技术名称（D_{ij}）/价值指数	三级技术名称（D_{ijm}）
管道装备工程/0.15	管道信息装备/0.30	如模拟装置及软件、管道安全预警系统、分布式光纤复合预警系统、管道泄漏检测定位系统等技术
管道完整性工程/0.10	完整性检测/0.40	如管道缺陷检测、高后果区识别、内检测(变形、漏磁、惯性测绘内检测器，环焊缝缺陷、螺旋焊缝缺陷识别判定)、管网系统可靠性检测、管道安全预警及泄漏检测、在线检测等技术
	完整性评价/0.30	如管道风险评价、管道适用性评价、管道缺陷检测评价、管道腐蚀防护系统评价等技术
	完整性管理/0.30	如管道完整性管理系统、管道地质灾害风险管理系统等技术

第四节　储气库技术谱系构建与价值指数赋权

一般而言，储气库都是指地下储气库。地下储气库的作用是储存供气淡季集输管线中多余的天然气，在用气高峰时可将地下储气库中储存的天然气采出，用于补充管线供气，以满足用户需求。地下储气库可以随时(季节性、每天、每小时)平衡气体消费和供应。此外，地下储气库还可以在气源中断或管网出现技术故障时，保证不间断供气。与气田地面工程相比，地下储气库具有大进大出、注采循环、气量波动大、运行压力高、使用寿命长、投资高等特点。

一、储气库工程业务系统构成及作用

(一)储气库系统构成

储气库系统由注采气井、压缩站、脱水站、输气干线四大部分组成，具体包括地下气藏储气层、注采井、观察井、集输系统、压缩机、计量设备、脱水装置以及外输管道。其注采井和通常的油气生产井有许多不同之处，主要表现为单井产能大、安全性能好、同一井内实现注气和采气、免修期长等特点。储气库工作过程中，注采井将周而复始地注入和采出，井内为双向气体流动，注入、采出的温度和压力不断变化，注采井的完井设计必须保证注采井工作安全、实现设计的注气和采气速度、获得尽可能长的免修期。

1. 地下气藏储气层

地下气藏的地质构造是具有一定渗透能力的多孔介质，多孔介质的孔隙为天然气的储存提供空间，而渗透率使气体能在其中流动；储层上面有非渗透性盖层，盖层通常是弯曲或拱形的，能够阻止气体从上面溢出，同时也起到侧面遮挡作用，又使断层产生的垂直断面在储层的一侧或多侧起到封闭作用；非渗透层或底水在储层底部起封隔作用。

2. 注采井和观察井

储气库的注气井和采气井大部分合用，注气井一般选择在构造顶部、物性比较好的区域。一般来说，注入井中含气饱和度最高的井，即为注气期间承压最大的井，在采气时也是产量最高的井。

储气库的观察井，主要用于观察天然气在储层厚度方向的推进速度；检查盖层密封性设置；在先导性试验中，测定气水界面，观察边底水情况；监测天然气是否沿断层流到上覆层；研究储层和井筒温度变化；在含气边界附近测定压力。观察井的选择十分重要，这种井往往既是注气井又是采气井。

3. 集输系统

储气库的集输系统是连接井和中心站的中间环节，与一般集输系统区别不大，只是集气管线更粗，容积更大。

4. 压缩机

一般地下储气库都设置了注气压缩机，通常设置在离井近的中心站。因为地下储气库的压力比管网系统的压力高，压缩机一般用于注气。有时为提高采出能力，采气时也用压缩机。地下储气库常用的压缩机驱动系统主要包括燃气轮机、传统电动机和一些新兴的电磁驱动系统。

压缩机组是储气库地面注气设施的核心设备，做好压缩机组技术管理，有效控制故障率，是储气库安全平稳注气的重要保障。2021年，我国自主生产的电驱高压离心式储气库压缩机组在辽河油田双台子储气库建设现场安装完成，标志着我国储气库关键设备制造又向前迈出了重要一步。

5. 计量设备

计量设备包括流量计、液面液位计、计量检测设备、测试温度和湿度的各种器具等。储气库注采气流量计量技术具体包括但不限于智能化风险控制、智能化风险分级、智能化选材优化、智能化完整性管理等，目的在于提高储气库总体运行的稳定性，促进智能化安全生产、风险管控，为预警调峰并提高储气库注采井的风险管控能力与风险失效相关的应急响应水平提供建设性意见。

6. 脱水装置

地下储气库含有一定量的水，有时水比较活跃，当管线中的干气注入地下后，储层中的水就会蒸发到天然气中，天然气含水量高就不符合管线要求，所以天然气采出后必须脱水。实际应用中，所有储气库的中心脱水装置都是乙二醇脱水器，该脱水器比较经济，且性能较好。

（二）主要工艺技术特点

1. 储气库注采工艺特点

枯竭油气藏型储气库是我国储气库主要的发展方向，应强化对储气库注采机理、渗流机理、建库方式、建库周期、井网部署、施工技术等方面的研究探索工作，加快各种技术、管理标准和风险评估指标的建立，确保储气库的高质量建设及安全平稳运行。

注气工艺流程。当上游长输管道供应的天然气流量大于天然气输配管网的用户使用量时，多出的天然气进入储气库工艺站场的加压机（一般为燃气加压机）加压后，分别输送至各储气库储存，加压机出口设计压力一般等于地下储气库设计压力。

采气工艺流程。下游天然气输配管网用气高峰期，上游供应量不足或出现事故时，将地下储气库储存的天然气经过调压处理后，输送至天然气输配管网，供用户使用，以弥补上游供应量的不足。储气库工艺站场设置净化装置的作用是净化、分离一些随天然气带出的杂质、水分、轻烃等物质，避免对管道输送产生不良影响。

2. 储气库地面设施运行特点

储气库的地面工艺技术受产气区、储气区及用户的多重影响，建造、运行工况复杂。①运行工况跨度大。储气库具有"反复注采"的特点，在地面工艺处理中天然气流量与组分、运行压力与温度变化区间大，因此对设备、管道的抗疲劳性要求高。②计量难度大。由于运行压力和流量不断变化，天然气瞬时流量上下限高达 60∶1，因此对流量计的适应能力要求较高。③采气期井流物组成复杂。对于凝析气和油藏型储气库，采出的天然气中常含有凝析油或黑油和游离水等物质。对于干气藏型储气库，采出的天然气中也时常夹杂游离水。同时，个别储气库还含 H_2S，使得地面工艺设计具有特殊性。④注气压缩机选型要求高。压缩机的入口压力、流量设计参数要适应输气管道参数的波动，设计出口压力要适应地层的高压。当多台压缩机同时运行时，要平衡与协调高压、大功率天然气压缩机组的脉冲和振动。⑤安全性要求高。储气库除需满足调峰功能，还需满足输气管道事故状态下的安全供气，地下储气库注采气压力、气量变化范围大，设备、管道长期疲劳运行，对地面设施的运行安全性要求较高。⑥达容达产周期长。储气库的达容达产周期长，特别是利用水淹气藏改建而成的储气库。⑦酸性介质 H_2S 置换。对于采出气含有 H_2S 的储气库，其 H_2S 产生原因、逐年 H_2S 含量变化及变化规律均需要动态跟踪研究，相应的置换周期会影响地面脱硫装置的设置。

储气库的工程建设是面向全国的，势必要不断提升自身的建设效能来满足现实需求，加之人们的生活水平不断提高，使用天然气的量也随之提升，自然对储气库的建设要求也会提高。储气库作为天然气进出的调节场所，大量的天然气进出和很大的工作强度是不可避免的。既然客观条件不可改变，就要从提升储气库的建设质量和工作能力入手，只有保障储气库的建设质量才能为储气和输气奠定坚实基础，而储气库工作能力的提高就是为储气和输气保驾护航，只有这样才能更高效、更高质量地完成更多的任务。

3. 储气库与气田开发建设的特点

与常规气田开发相比，储气库具有"大吞大吐、注采交替、高压运行"的特点，注采两套系统交替运行，注采气量更高，对地面工程布局和设备管理运行灵活性要求高。但从完整性管理技术来看，储气库注采管道完整性管理和长输管道完整性管理的技术内涵相同，主要包括数据收集与整合、风险评价、基于风险的检测、完整性评价、基于完整性评价结果的决策、响应和反馈等。站场完整性管理技术体系主要包括数据管理、风险评价、完整性监测/检测、完整性评价、维修与维护、效能评价等。

除了自身具备的特点之外，储气库与气田开发建设相比也有其突出特点，比如，气田是直接在自然环境基础上进行作业，而储气库则是在地面上进行的人工建设，这就使得储气库的建设成本投入更高，这既是其一个突出特点，也是一个有待改善的方面。除此之外，人工使用建材建设的储气库势必比以自然条件为主导建设的气田寿命长，可在此基础上进行优势发挥和完善。

4. 储气库完整性管理特点

储气库完整性管理是指对所有影响储气库地质体、注采井和地面注采设施三大单元完整性的风险因素进行识别和评价，并综合运用技术、操作和组织管理措施，将储气库的天然气泄漏风险水平始终控制在合理和可接受的范围内。储气库完整性管理是对地质体、注采井和地面设施的一体化管理，是贯穿于储气库全生命周期的管理，是应用技术、操作和组织措施的全方位综合管理。

地质体作为储气库系统的核心单元，其完整性状态是决定是否改建储气库的先决条件，而且是储气库安全运行的基本保障。在多周期注采运行过程中，地质体主要存在断层密封性失效、盖层及底托层密封性失效、封堵井密封性失效、水体侵入等风险。因此，地质体完整性管理的目的就是预防上述四类风险的发生，在设计阶段，主要包括储气库密封性评价、监测井设计、老井封堵等完整性技术；在运行阶段，主要是基于动态监测与密封性评价技术，实现地质体泄漏风险预警。

井筒完整性管理涉及设计、建设与运行管理的全过程，但无论处于哪个阶段，主要目标都是有效控制地层流体。作为控制地层流体流动的阻挡层，生产套管、注采管柱、固井水泥环是井筒完整性的关键组成部分。井筒设计完整性技术主要包括适应注采交变工况的管柱结构、密封和腐蚀完整性设计、固井设计技术等；建设期则主要包括满足交变工况下长期密封的高质量固井、长效性环空保护液、管柱丝扣密封性检测、井筒测井评价等技术；运行期主要包括数据收集与整合、注采井泄漏风险评价、环空压力危险性评价、完整性监测/检测、完整性评价、修井维护与应急响应、效能评估等。

（三）地下储气库的作用

地下储气库是将气体从产地输送到枯竭的油气藏或其他地质构造中加以储存，到消费高峰期采出以满足市场需求的一种储气设施。地下储气库的主要作用如下。

1. 协调供求关系与调峰

地下储气库具有容积大、经济、不受气候影响、安全可靠、能够合理调节用气不平衡等特点，可缓解因各类用户对天然气需求量的不同和负荷变化带来的供气不均衡问题,其特点在时间上表现为季节(夏季、冬季)、月、昼夜和小时的不均衡性。地下储气库对于解决这一问题具有重要作用。

当市场需求量低于天然气供气量时，可以利用地下储气库把多余的天然气资源储存起来，当市场需求量大于天然气供气量时，就可以采出之前储存在储气库中的天然气，补足管道供气量。这样就能很好地满足市场需求。

2. 应急安全供气

在现实情况中，一些用户由于生产和生活的需要会临时增加对天然气的需求量，这时就可以利用地下储气库提供应急供气服务。

另外，当长期使用的天然气管道出现突发状况、遇到自然灾害，或按计划进行检修时，就可以利用地下储气库继续向用户供气，保障其生产和生活所需。

3. 优化管道运行

以往无论是天然气的管道系统，还是生产系统，都很容易受用气需求量季节性变化的影响，利用地下储气库可以减少两者受到的影响，有助于实现均衡生产和作业。同时因为有地下储气库，天然气生产和管道运输之间也可以实现一定程度的均衡，最大限度发挥输气管道的能力。因为运行效率和输气效率都得到很大提高，输气成本也会明显下降。

4. 用于战略储备

地下储气库是国家能源战略储备的重要保障。当今世界并不太平，一些国家发生动乱，能源运输通道遭到破坏；一些国家遭遇战争，能源受制于他国。一旦出现上述情况，国家将面临严重的能源危机。因为能源是经济社会发展的根本动力，没有能源国家将面临经济危机。地下储气库在关键时刻，能够为国家提供必要的能源，维护国家的正常运转。

5. 提高经济效益

地下储气库直接影响着天然气的价格。在市场经济下，天然气的价格会出现波动，在此过程中地下储气库可发挥一定作用，一般用气需求量呈季节性变化，在用气高峰时，天然气价格较高。此时用地下储气库供气，一方面供气方可以获得较高的利润；另一方面因为供需矛盾得到一定程度的缓解，天然气价格会下降，用气方也可从中节省一定的开支。

二、储气库类型与储气库技术发展趋势

(一)枯竭气藏型储气库

1. 枯竭气藏型储气库的特点

枯竭气藏型储气库是利用已经开采的枯竭废弃的气藏或开采到一定程度的退役气藏建造的储气库。这种类型的储气库具有许多优点，如对其地质情况(如油气藏面积、储层厚度、盖层气密封、原始地层压力和温度、储气层孔隙度、渗透率、均质性以及气井运行制度等)已准确掌握，不用再进行地质勘探，因而可节省投资。

油气田开发用的部分气井和地面设施可重复用于地下储气库。从经济观点看，枯竭气藏型储气库是最常用、最经济的一种地下储气形式。枯竭油气田规模都不大，其原始储量一般为 10 亿~50 亿 m^3。

2. 枯竭气藏型储气库建设技术

储气库建设要充分考虑大吞大吐、注采循环、气量波动大、运行

压力大、使用寿命长等特点，地面注采流程采用了井场-集注站-双向输送管道的模式。该模式具有注采合一、双向计量、自控水平高、所需管理人员少的特点，且井场无放空立管，集注站分区延时泄放，可有效减少放空量。储气库可通过多个注采循环，实现逐步达容、地面分期建设的目的，且注采装置设计弹性大，可对采出气进行控油脱水。

储气库井在钻井施工时采用储层专打、欠平衡钻井、不压井作业、先注气后钻井等储层保护技术，灵活应用预充填防砂筛管、悬挂尾管等砂岩储气库先期防砂完井技术，并采用大直径管柱，环空通常加注氮气和保护液。

在储气库监测方面，形成了针对储层、盖层、地层水、边界、断层等不同对象的监测井井身结构设计技术及运行期间井筒压力和气体泄漏监测和评价技术等。

（二）盐穴型储气库

1. 盐穴型储气库的特点

盐穴型储气库是在地下盐层或盐丘中，利用水溶解盐的开采方式形成地下空穴来储存天然气。这种储气库的许多优点是其他类型的储气库不可比拟的。在建造方面，可以按照调峰或储备的实际需要量进行建造，一个盐穴型储气库可按不同时期用气需求量的增加分几期扩建。在操作性能方面，机动性强，储气无泄漏，调峰能力强，生产效率高，能快速完成抽气-注气循环，一年中抽气-注气循环可达4～6次；注气时间短，垫层气用量少，最适合用于日调峰。

对于周围缺乏多孔地下岩层的城市，特别是在具有巨大岩盐矿床地质构造的地区，建造盐穴型储气库已是各国普遍采用的方法，但是盐穴型储气库从可行性研究到投产时间较长。

2. 盐穴型储气库建设技术

国外盐穴型储气库的目的层一般为盐丘，盐丘厚度达500～1000m，盐岩埋深一般不超过 1500m，盐岩品位好，不溶物含量低、夹层少。盐穴型储气库井井眼直径普遍较大，多选用 Φ339.7mm 生产套管，并采用 Φ244.5mm 油管生产，单井吞吐能力强。

盐穴型储气库建库时间较短，一般为 2～3 年，腔体体积大，多为 $(40\sim80)\times10^4\text{m}^3$。为了加快盐穴型储气库建库速度，国外应用了双井盐穴建库技术和薄盐层巷道式建库技术。受资源限制，欧洲一些国家在深层盐岩（埋深 2000m 以上）建库、定向井和丛式井盐穴建库方面取得了明显进展。

另外，德国在浅层盐穴建库中推广应用了套管焊接技术，有效提高了注采井筒的完整性。同时，国外也在加强相关储气库标准的修订和完善，加拿大更新完善了 CSA Z341 储气库标准，美国石油协会（American Petroleum Institute，API）修订完善了 API RP 1114 和 API RP 1115 两个盐穴型储气库标准。

（三）国内外储气库技术发展趋势

储气库技术经过 50 多年的发展，已经形成了比较完善的建库技术体系，包括利用废弃油气藏改建地下储气库建库评价设计与运行技术体系、含水层建库评价设计技术体系和盐穴型储气库建库评价设计技术体系。

1. 国外储气库技术发展趋势

国外地下储气库技术的研究热点主要集中在以下方面：①适于建库地质体的四维地震勘探技术；②提高地下储气库有效储存量和生产能力的相关技术；③利用数值模拟技术进行地下储气库优化运行研究；④与盐穴型储气库建库和运行管理相关的一系列技术；⑤线性岩层洞穴建库技术。

储气库技术随着油气田开采技术的发展而发展，一些最前沿的天然气开发技术已被用于储气库的建设，包括将地震、测井等多种勘探评价技术用于储气库的勘探，将地质建模等精细地质描述技术用于储气库的地质评价，将实验分析与数值模拟等油藏工程分析技术用于储气库的设计，将水平井、分支井开采技术等钻完井工程技术用于储气库的开采，将声呐技术用于盐穴溶腔形成预测等。

地下储气库设计新技术。①配套大型地下储气库注采气能力，开发大规模注采气装置及设备，加大装置操作弹性。②注采站推广节能降噪新技术，降低能耗，减轻站场周围噪声污染。③完善油气藏型储气库建库技术与黑油处理技术。④推广新型注气增压机组，如大排量电驱离心机、节能型自动卸荷往复机等。⑤研究高效多功能分离器，简化流程，提高装置国产化率。⑥减少地下储气库天然气垫气量的惰性气体垫气技术。含水层地下储气库建库成本中，垫底气费用占最大的比例，一般占总投资的 30%～40%。如果能用某种气体(如 CO_2、N_2 等)替代天然气作垫气，将会明显降低建库成本，采用这种技术的关键是避免惰性气体与天然气发生混合。

地下储气库运行新技术。①地下储气库上下游协同，系统优化运行。开发地面地下一体化模拟软件，实现地下储气库与输气管网一体化系统仿真，优化运行，降低注气机组能耗。②实现远程操作、有人值守、地下储气库在线监控及远程控制。③全寿命周期完整性管理和风险评估。地下储气库具有超高压运行、长寿命周期运行、安全性要求高等特点，因此开展全寿命周期完整性管理、风险评估和风险预测，对于提高地下储气库地面和地下设施的安全性意义重大。④优化地下储气库日常运行管理，加快达容速度，提高利用率，具体措施包括加大地下储气库运行压力区间、优化注采井网与注采量、减少水侵对地下储气库运行的影响、提高最大注采速率、缩短建库周期等。

2. 国内储气库技术发展趋势

我国针对储气库技术进行了一系列基础研究，在注排机理、渗流机理、建库方式、建库周期、井网部署、方案设计等方面取得了突破。①储气库高变载、长周期、多轮次、多功能注采工艺及井下关键工具技术；②基于受力载荷与腐蚀因素耦合的管柱寿命预测方法及保护技术；③集油藏数值模拟、实时动态监测及运行参数优化于一体的储气库注采动态监测与分析评价技术；④能够实现储气库油藏模拟、过程模拟、地面网络模拟的注采输一体化模型技术，为建库阶段的注采工程方案优化设计及运行阶段的注采参数优化提供手段；⑤基于复杂井筒条件下不同储层物性的储气库老井封堵剂体系与工艺及工程质量综合评价技术；⑥结合数据采集与监视控制系统，在智能化动态监测、产量预测与异常预警等方面形成技术方案，探索了多周期的地层压力自适应预测技术。

我国的储气库建库技术已经比较成熟，针对国内储气库建设的实际困难，围绕钻完井、固井、注采、储层保护、监测、老井封堵等工艺开展了一系列研究工作,形成了配套钻采工程特色技术,在钻完井、固井、注采、储层保护、监测、老井封堵等工艺技术上取得了一系列成果，较好地满足了我国气藏型储气库建造的需要。已经研发出的相关技术见表3-4。

表3-4　国内地下储气库技术系列及核心技术

技术系列	核心技术
储气库选址与评价技术	不同类型地下储气库库址筛选评价方法、盖层密封性评价技术、气藏建库机理模拟技术、复杂地质条件气藏型地下储气库库容参数设计技术
油气藏型储气库建井技术	复杂条件气藏建库固井和储层保护及防漏堵漏配套技术、老井封堵及再利用配套技术、复杂工况下管柱优化设计技术
盐穴型储气库方案设计与建库技术	复杂条件盐岩建库腔体稳定性评价及库容参数设计技术、多夹层盐岩造腔可视化物理模拟技术、夹层垮塌预测方法、残渣体积利用技术、深层大井眼和浅层双井建库技术
储气库地面工艺关键技术	不同类型储气库高效处理和集输及注气压缩机选型技术、盐穴型地下储气库注采地面精细化工艺技术、卤水多效除油工艺技术
运行与安全保障技术	盐穴型地下储气库管柱完整性评价技术、溶腔稳定性评价技术、动设备故障诊断技术、气藏型地下储气库井筒动态监测技术、气藏型地下储气库盘库评价与优化配产配注技术

意大利天然气管网公司的专家认为，中国的地质专家们在全球最复杂的地质条件下,创新了复杂地质条件天然气地下储气库地质理论，解决了储气地质体动态密封和高效动用难题；钻井专家们创新了适应

超低压储层及强注强采工况的钻完井技术，攻克了世界最深、温度最高的储气库钻井与固井难题；在装备制造领域研制了大功率高压高转速往复式注气压缩机组和高压大规模采气处理装置，提升了整体地面处理水平；在安全管控领域通过构建储气库地层—井筒—地面"三位一体"风险管控技术体系，做到了安全防控无死角，保障了储气库安全运行。可以说中国储气库建库技术后来居上，面对复杂地质条件，通过技术攻关和科技创新，在该领域处于国际领先地位。

三、储气库技术谱系构建

（一）储气库技术谱系构建思路与依据

1. 根据储气库系统构成和《地下储气库设计规范》，设计储气库技术的基础级序

储气库体系通常包括地下油气藏、注采井、观察井、集输系统、压缩机、计量设备、脱水装置以及外输管道。依据《地下储气库设计规范》（SY/T 6848—2023），工程业务包括开发地质、气藏工程、老井处理、钻采工程、地面设施等，以这些基本工程业务对技术的需求，构建储气库技术谱系。

2. 依据国内外储气库建库技术进展，优化储气库技术基础级序的结构和名称

国外的储气库建库技术主要包括地质气藏技术、钻完井技术、地面工程技术等。中国石油天然气集团有限公司对储气库技术发展现状进行归集，包括：储气库选址评价与建库地质方案设计技术、气藏型储气库钻完井设计与施工技术、高压大规模储气库地面工程设计与施工技术、储气库风险评价与控制关键技术、层状盐岩建库高效造腔关键技术等。根据《国内外储气库运行管理指标和技术体系调研报告》（2021年12月）对储气库技术体系的分析结果，储气库技术体系包括：

①储气库地质气藏技术体系(建库地质评价技术、库容参数设计技术、地质方案设计技术);②储气库钻完井技术体系(气体钻井技术、水泥系统固井技术、老井封堵技术);③储气库注采技术体系(储气库注采管理模拟器、储气库注采量提升技术);④储气库地面工程技术体系(常规地面工程技术、地面注采管道设置、井口计量和注采气量调节技术、水合物防治技术、地下储气库放空技术);⑤储气库完整性技术体系(储气库完整性管理技术、储气库完整性检测和评价技术);⑥储气库监测技术体系(地质气藏监测技术、井筒监测技术、地面工程监测技术)。

(二)储气库技术级序及其价值指数赋权建议

根据构建天然气产业链技术谱系的总体思路和储气库技术谱系构建思路,设计一级、二级、三级储气库技术的基础级序结构(表 3-5)。其中,一级储气库技术系列包括建库地质工程、气藏工程、钻完井工程、注采气工程、地面工程、装备工程、监测工程、完整性工程等。

表 3-5 一级、二级、三级储气库技术级序及其价值指数赋权建议表

一级技术名称(D_i)/价值指数	二级技术名称(D_{ij})/价值指数	三级技术名称(D_{ijm})
建库地质工程/0.20	地质研究/0.30	如注采有利区选择、建库油气藏特征研究、储气库地质建模、地震地质综合解释、地震地质导向、地质体动态密封理论、储气库库址优选、有效库容量预测模型、储气库地质数值建模等技术
	地质评价/0.30	如地质体封闭性评价、储层评价、建库含气孔隙空间分析、储气库地质与机理评价、圈闭有效性评价、原始库容量评价、微地震处理解释、选址综合评价、动态密封性评价等技术
	建库方案/0.40	如井型选择方案、井位部署方案、地质及井位实施方案、库容参数优化方案、建库方案优化设计等技术
气藏工程/0.20	气藏物探/0.25	如三维地震精细刻画、微地震监测井网优化、微地震异常响应特征识别、地震全地层岩相识别、测井系列(自然电位测井、横向测井、侧向测井、感应测井、放射性测井等)等技术
	气藏评价/0.40	如注采渗流特征评价、注采能力评价、库容评价、流体动态分析、多井试井解释、储层损害控制、气藏数值模拟与评价、气藏物性与流体渗流机理评价、储层伤害机理实验等技术
	气藏运行/0.35	如注采井型井网优化运行、全方位扩容达产优化运行、运行效果评价及优化等技术

续表

一级技术名称（D_i）/价值指数	二级技术名称（D_{ij}）/价值指数	三级技术名称（D_{ijm}）
钻完井工程/0.10	钻井工程/0.25	如钻井地质设计、钻井工程设计、钻井方式及井型、注采井固井技术、钻（完）井液体系、井控与油气井抢险灭火、钻井（完井）液及防漏治漏、钻井试验等技术
	完井工程/0.35	如完井方案设计、完井结构、完井工艺管柱、射孔工艺、腐蚀防护、储层保护、堵漏、废弃层密封工艺、防砂筛管完井、固井水泥浆、老井封堵材料体系、注采能力评价、注气井生产动态模拟、完井试井评价等技术
	老井工程/0.40	如老井封堵工程设计、老井再利用工程设计、老井封堵处理、老井地层防漏堵漏与储层保护、储气库老井封堵技术优化、老井井下作业试验等技术
注采气工程/0.15	注采评价/0.30	如注采气藏三维数值模拟地质模型、注采输一体化评价模型、注采能力分析评价、调峰产量与采气井数设计、注气增压设计与评价、注采气藏动态分析与评价、储气库注采管理模拟器、注气期试井分析评价、注采运行物理模拟实验评价等技术
	注采方案/0.40	如注采井网设计、注采方案优化设计、注采井部署模式、储气库注采井网设计、注采井失效模式与风险评估等技术
	注采运行/0.30	如储气库渗流场-应力场-温度场多场耦合注采运行模拟、高效达容达产优化运行模式、扩大工作压力区间潜力评价、注采运行参数优化、注采运行机理物理模拟等技术
地面工程/0.15	注采集输系统/0.40	如注采集输方案设计、注采集输工艺、注采集输管网、注气压缩系统、注采自动化等技术
	注采处理系统/0.30	如注气处理工艺、采气处理工艺、分区延时泄放等技术
	计量与测试/0.30	如注采气流量计量、井口计量和注采气量调节、注采气流量调节、计量分析测试、计量标准化等技术
装备工程/0.10	建库地质装备/0.10	如建库地质的设备、仪器、工具、材料、软件、数据库、数字化系统等技术
	气藏工程装备/0.10	如气藏工程的设备、仪器、工具、材料、软件、数据库、数字化系统等技术
	钻完井工程装备/0.10	如钻完井工程的设备、仪器、工具、材料、软件、数据库、数字化系统等技术
	注采工程装备/0.35	如注采工程的设备、仪器、工具、材料、软件、数据库、数字化系统等技术
	地面工程/0.35	如地面工程的设备、仪器、工具、材料、软件、数据库、数字化系统等技术；储气库压缩机组控制系统设计技术；储气库数字化系统；数据支撑体系；云平台支撑体系；公用资源可视化平台；数据生产运行监测系统；数据模拟分析系统
监测工程/0.05	气藏监测/0.40	如气藏监测方案、圈闭封闭性监测、气藏内部运行动态监测、微地震气藏监测系统、气藏监测评价、气藏智能化监测实验等技术
	井筒监测/0.35	如固井质量监测与评价、油套管受损和腐蚀监测、井筒温度压力监测、注采井动态监测与评价、微地震井筒监测、井筒安全运行监测与评估、井筒智能化监测等技术

续表

一级技术名称（D_i）/价值指数	二级技术名称（D_{ij}）/价值指数	三级技术名称（D_{ijm}）
监测工程/0.05	地面工程监测/0.25	如井口装置检测、地面工程腐蚀监测、地面管道压力监测、地面泄漏监测、地面动态监测及调整、地面工程智能化监测、地面工程 HSE 监测与控制、防腐蚀监测与检测等技术
完整性工程/0.05	地质体完整性/0.25	如地质体的完整性风险评估与故障诊断、完整性检测和评价、全生命周期完整性评价、完整性管理等技术
	气藏工程完整性/0.25	如气藏工程的完整性风险评估与故障诊断、完整性检测和评价、全生命周期完整性评价、完整性管理等技术
	钻完井工程完整性/0.15	如钻完井工程的完整性风险评估与故障诊断、完整性检测和评价、全生命周期完整性评价、完整性管理等技术
	注采气工程完整性/0.20	如注采气工程的完整性风险评估与故障诊断、完整性检测和评价、全生命周期完整性评价、完整性管理等技术
	地面工程完整性/0.15	如地面工程的完整性风险评估与故障诊断、完整性检测和评价、全生命周期完整性评价、完整性管理等技术

第五节　天然气利用技术谱系构建与价值指数赋权

一、天然气利用工程业务系统与技术需求

天然气供应系统就是在天然气运送到千家万户的过程中发挥作用的每一业务环节所构成的系统，主要包括天然气集输系统、长距离运输系统、城市配气系统、天然气净化处理系统、天然气存储系统五大系统。天然气利用系统是一个综合性系统，由气源、输配、应用三部分组成。天然气终端配气系统是天然气利用系统的基础系统，它涉及配气站、配气管网、储气设施、调压站 4 个方面。天然气终端配气系统的主要业务和技术需求包括配气管网设计施工、配送与调配、配气地面工程、配气管网完整性工程等。

除了天然气终端配气系统外，其余利用系统(城镇燃气、天然气发电、工业燃料、交通燃料等)对技术的需求差异很大。

(一)城镇燃气利用系统与技术需求

城镇燃气是指供给居民生活、商业、小工业生产作燃料用的公用性质的燃气。城镇燃气管道(网)具有管网复杂(多为支状和环状管网)、密集程度大、压力低、管径小、分布广的特点。另外,城镇燃气的用气类型分为工业企业用气、居民生活用气和公共建筑用气。公共建筑用气(如一般的医院、学校、餐厅等)也可以作为区域用气进行单独分段。居民生活用气(如某一小区、社区)的用气量和负荷都基本一致。

天然气被广泛用于商业综合体。商业综合体指集购物、住宿、餐饮、娱乐、展览、交通枢纽等两种或两种以上功能于一体的单体建筑,或多栋商业建筑组合体。商业综合体的用气特征如下。①用气点分散。商业综合体的餐饮场所数量众多,分布广泛,甚至有的商业综合体餐饮场所分布于地下室或商业楼的各层,用气点相对分散,不利于集中管理。②用气量大。商业综合体中用气设备多,用气量大。③用气压力不同。商业综合体中用气设备类型多,大多数商业综合体同时具有餐饮用气和锅炉用气的需求,一般燃气锅炉与燃气灶具对天然气压力的要求不同。④用气场所布局不利。商业综合体餐饮场所一般位于中庭的周边,大多不临外墙布置,更谈不上设置外窗,一旦发生火灾,扑救非常困难。

城镇燃气技术包括燃气设计、施工、运行调度、节能减排等技术。例如,燃气设计包括用气设计、室外管道设计、安全保护设计。城市商业综合体燃气设计包括锅炉用气、餐饮用气、外管道设计、安全保护设计等。燃气行业将大力推行智能化服务,充分利用互联网和大数据技术,建立完整的燃气主干管网设施物联网监控系统,实现实时全网络监控管理,同时为用户提供燃气智能服务,实现智能计量、移动付费、个性化服务等新的模式,并通过推广使用新技术、新工艺,低污染、高效能的新型燃气器具和智能化燃气器具等一系列手段,推进天然气高效利用。

城镇燃气装备包括大型燃气球罐、家用燃具设施、燃气表、调压设备、管材、燃气灶具；城镇燃气装备涉及的技术包括燃气管网调度技术、城镇燃气软件设计和开发、抢险应急系统、仿真系统等。

(二)天然气发电利用系统与技术需求

天然气可用于发电，以天然气为燃料的燃气轮机电厂的废物排放量远低于燃煤与燃油电厂，而且发电效率高，建设成本低，建设速度快。分布式发电、分布式供能将一次能源通过冷热电联产系统直接向用户提供电力、采暖、制冷、除湿、卫生用热水等。《加快推进天然气利用的意见》(发改能源〔2017〕1217号)指出，①大力发展天然气分布式能源。在大中城市具有冷热电需求的能源负荷中心、产业和物流园区、旅游服务区、商业中心、交通枢纽、医院、学校等推广天然气分布式能源示范项目，探索互联网+、能源智能微网等新模式，实现多能协同供应和能源综合梯级利用。②鼓励发展天然气调峰电站。鼓励在用电负荷中心新建以及利用现有燃煤电厂已有土地、已有厂房、输电线路等设施建设天然气调峰电站，提升负荷中心电力安全保障水平。鼓励风电、光伏等发电端配套建设燃气调峰电站，开展可再生能源与天然气结合的多能互补项目示范，提升电源输出稳定性，降低弃风弃光率。③有序发展天然气热电联产。在京津冀及周边、长三角、珠三角、东北等大气污染防治重点地区具有稳定热、电负荷的大型开发区、工业聚集区、产业园区等适度发展热电联产燃气电站。

天然气分布式能源系统又称为天然气冷、热、电三联供系统，是传统冷、热、电三联供系统的进化和发展形式之一，以装机容量和供能范围区分为区域式和楼宇式两类。它是指"以天然气为主要能源，通过冷、热、电三联供的方式实现能源的梯级利用，燃气发电效率一般在30%～40%，综合能源利用效率可以达到70%以上，并在靠近用户端实现能源的现代化供应方式"。天然气分布式能源的三个特征，即"配电网并网""就近消纳""通过梯级利用实现较高的能源利用效率"，符合这三个特征就可以界定为天然气分布式能源。

天然气分布式能源系统的主要配置包括：一个主驱动系统，如燃气轮机；一台发电机；一套热量回收系统；一套控制系统；一套热制冷系统，最常用的是吸收式制冷机。燃气轮机(包括开式和联合循环)是目前天然气分布式能源系统发电使用的主流系统，其作为一种成熟的系统有从微型级到几百兆瓦级的不同规模。热量回收系统使天然气分布式能源系统可以利用废热，一般基于一个换热器，使热量能够高效地从一种媒介传导到另一种媒介。吸收式制冷机可利用废热进行制冷，其原理与压缩式热泵类似，利用压力差来传递热量，这与自然热量流动方向相反，也就是将热量从更冷的物体传递到更热的物体上。

天然气分布式能源技术是一种以能源梯级利用为核心的分布式供能技术，具备更高的供能效率、更低的供能成本、更少的污染物排放等优点，并且其对电力和燃气供应有双重削峰填谷的作用。天然气分布式能源技术的创新研发包括新型供能系统、关键设备"卡脖子"技术、新型能源服务技术和区域能源贸易市场技术等。在新型供能系统方面，应加强新技术、新工艺和新理念研究，如集成源、网、荷、储一体化的多能互补系统，能源互联网，智能控制平台等关键技术，拓展供能系统集成水平，提升供能系统市场适应性；在关键设备"卡脖子"技术方面，应着力解决原动机(燃气轮机、内燃机、燃料电池等)设计、制造、检修和优化控制等国产化，降低系统设备采购和运维成本；在新型能源服务技术方面，一方面应加强能源监测与管理、节能诊断与提效、多功能共享储能(调频与调峰)、虚拟电厂、物联网和远程集中控制等技术研究，另一方面应开展天然气分布式能源与多种产业(或业态)耦合商业模式研究，并做好配套技术研发工作；在区域能源贸易市场技术方面，应开展能源服务交易平台、微电网调度、微电网交易、跨区域交易等关键技术研究，通过能源贸易市场实现服务区域内能源供给与能源需求实时动态平衡。

天然气发电工程装备包括燃气轮机、小型燃机、车用第五代高压直喷发动机、大型液化天然气（liquefied natural gas，LNG）船用单燃料发动机、常规蒸汽发电、燃气-蒸汽联合循环发电、燃气内燃机、燃气轮机、燃气轮机配置余热锅炉系统、冷热电三联供、燃气-蒸汽联合电厂、天然气分布式能源区域利用、离散和过程工业园区热电联供分布式能源站、城区商业中心商业区-机关团体型分布式能源站、城镇和居民小区分布式能源站、天然气压差发电等。

（三）工业燃料利用系统与技术需求

发改能源〔2017〕1217 号文件指出，工业企业要按照各级大气污染防治行动计划中规定的淘汰标准与时限，在"高污染燃料禁燃区"重点开展 20 蒸吨及以下燃煤燃油工业锅炉、窑炉的天然气替代，新建、改扩建的工业锅炉、窑炉严格控制使用煤炭、重油、石油焦、人工煤气作为燃料。鼓励玻璃、陶瓷、建材、机电、轻纺等重点工业领域天然气替代和利用。在工业热负荷相对集中的开发区、工业聚集区、产业园区等，鼓励新建和改建天然气集中供热设施。

工业燃料工程装备涉及范围广，我国重型燃机、分布式燃机发展较快，内燃机、轻型燃气轮机、重型联合循环燃气轮机等均有较多投产机组。

（四）交通燃料利用系统与技术需求

发改能源〔2017〕1217 号文件指出，加快天然气车船发展。提高天然气在公共交通、货运物流、船舶燃料中的比重。天然气汽车重点发展公交出租、长途重卡，以及环卫、场区、港区、景点等作业和摆渡车辆等。在京津冀等大气污染防治重点地区加快推广重型天然气汽车代替重型柴油车。船舶领域重点发展内河、沿海以天然气为燃料的运输和作业船舶，并配备相应的后处理系统。加快加气（注）站建设。在高速公路、国道省道沿线、矿区、物流集中区、旅游区、公路客运中心等，鼓励发展压缩天然气(compressed natural gas，CNG)加气站、LNG 加气站、CNG/LNG 两用站、油气合建站、油气电合建站等。充分利用现有公交站场内或周边符合规划的用地建设加气站，支持具备场地等条件的加油站增加加气功能。鼓励有条件的交通运输企业建设企业自备加气站。推进船用 LNG 加注站建设，加快完善船用 LNG 加注站(码头)布局规划。加气(注)站的设置应符合相关法律法规和工程、技术规范标准。

交通燃料工程装备技术包括车船交通用气(天然气车船、公交车、出租车、公务车、城际大巴客运和旅游车)、电控喷射 CNG、LNG 缸内直喷技术、压缩天然气(CNG)汽车、吸附天然气(adsorbed natural gas，ANG)汽车和液化天然气(LNG)汽车等。

(五)其他利用系统与技术需求

天然气利用还有其他领域，如作为化工原料，可用于合成氨、制氢等。天然气是制造氮肥的最佳原料，具有投资少、成本低、污染少等特点。天然气化工技术包括合成氨、甲醛、甲醇、乙炔、乙烯、氢氰酸芳烃、烯烃以及清洁油品，合成气直接制烯烃/芳烃，合成气用于氢甲酰化，合成气制甲醇、尿素、乙二醇等。又如，增效天然气是以天然气为基础气源，经过气剂智能混合设备与天然气增效剂混合后形成的一种新型节能环保工业燃气，燃烧温度能提高至 3300℃，可用于工业切割、焊接、打坡口，可完全取代乙炔、丙烷，可广泛应用于钢厂、钢构、造船行业，可在船舱内安全使用。

二、天然气利用技术谱系构建

(一)天然气利用技术谱系构建思路

根据国家天然气利用政策、天然气利用业务系统与技术需求，以及国家和行业关于天然气利用的规范和标准，设计一级、二级、三级天然气利用技术谱系，其中一级天然气利用技术级序包括：配气工程、设计施工、装备工程、保障工程等。

（二）天然气利用技术谱系结构名称与价值指数赋权

根据构建天然气产业链技术谱系的总体思路和天然气利用技术谱系构建思路，设计二级、三级天然气利用技术谱系（表 3-6～表 3-9）。

表 3-6　一级、二级、三级城镇燃气利用技术级序及其价值指数赋权建议表

一级技术名称（D_i）/价值指数	二级技术名称（D_{ij}）/价值指数	三级技术名称（D_{ijm}）
城镇燃气配气工程/0.40	配气管网设计施工/0.30	如配气管网设计、配气管道生产、配气管件制造、配气管道施工、配气管道焊接等技术
	配送与调配/0.25	如配气管道流动保障、配气仿真与优化、配气调配等技术
	配气地面工程/0.25	如配气场站集输(配气方案设计、配气工艺、配气自动化、配气防腐蚀监测与检测)、计量与检测等技术
	配气管网完整性/0.20	如配气管网完整性检测、配气管网完整性评价、配气管网完整性管理等技术
城镇燃气设计施工/0.25	居民用气设计/0.50	如居民用气设计、室外管道设计、安全保护设计、施工、节能减排等技术
	商业用气/0.30	如商业用气设计、室外管道设计、安全保护设计、施工、节能减排等技术
	小工业用气/0.20	如小工业用气设计、室外管道设计、安全保护设计、施工、节能减排等技术
城镇燃气装备工程/0.20	城镇燃气配气/0.40	如加气站、加注站、配气管道机械、配气管件与材料、配气管道信息装备、配气管道运行仿真、管网运行智能系统等技术
	城镇燃气装备/0.30	如大型燃气球罐、燃气设备(家用燃具设施、燃气表、调压设备、管材、燃气灶具)、城镇和居民小区分布式能源站、燃气软件(城镇燃气软件、信息化系统、银行代收费系统)、管网设施物联网监控系统等技术
	城镇燃气保障装备/0.30	如城镇燃气运行调配装备、储气调峰装备、应急抢险装备、维护维修装备等技术
城镇燃气保障工程/0.15	供气调峰保障/0.40	如城镇燃气储气保障、调峰保障、能源替代保障、燃气生产经营系统等技术
	安全运行保障/0.35	如燃气运行调度、智能化服务(智能计量、移动付费、个性化服务)、安全运行监测与评价、装备维护、安全管理、城镇燃气信息化系统等技术
	抢险维护保障/0.25	如抢险应急系统、装备监测、装备抢修、管道内检测、管道腐蚀与保护等技术

表 3-7　一级、二级、三级天然气发电利用技术级序及其价值指数赋权建议表

一级技术名称(D_i)/价值指数	二级技术名称(D_{ij})/价值指数	三级技术名称(D_{ijm})
天然气发电配气工程/0.25	配气管网设计施工/0.30	如配气管网设计、配气管道生产、配气管件制造、配气管道施工、配气管道焊接等技术
	配送与调配/0.25	如配气管道流动保障、配气仿真与优化、配气调配等技术
	配气地面工程/0.25	如配气场站集输(配气方案设计、配气工艺、配气自动化、配气防腐蚀监测与检测)、计量与检测等技术
	配气管网完整性/0.20	如配气管网完整性检测、配气管网完整性评价、配气管网完整性管理等技术
天然气发电设计施工/0.30	发电配气设计施工/0.20	如天然气发电设计、室外管道设计、安全保护设计、施工、节能减排等技术
	常规发电设计施工/0.30	如常规发电设计、常规发电施工等技术
	分布式能源发电设计施工/0.50	如分布式能源发电设计、分布式能源发电施工等技术
天然气发电装备工程/0.30	发电配气装备/0.20	如配气管道机械、配气管件与材料、配气管道信息装备、配气管道运行仿真、管网运行智能系统等技术
	常规发电装备/0.30	如常规蒸汽发电、燃气-蒸汽联合循环发电、燃气内燃机、燃气轮机、燃气轮机配置余热锅炉系统等技术
	分布式能源发电装备/0.50	如冷热电三联供、燃气-蒸汽联合电厂、天然气分布式能源区域利用、离散和过程工业园区热电联供分布式能源站、城区商业中心商业区-机关团体型分布式能源站、天然气压差发电等技术
天然气发电保障工程/0.15	供气调峰保障/0.40	如天然气发电储气保障、调峰保障、能源替代保障、发电生产经营系统等技术
	安全运行保障/0.35	如发电运行调度、智能化服务(智能计量、移动付费、个性化服务)、安全运行监测与评价、装备维护、安全管理、发电信息化系统等技术
	抢险维护保障/0.25	如发电抢险应急系统、装备监测、装备抢修、管道内检测、管道腐蚀与保护等技术

表 3-8 一级、二级、三级天然气工业燃料利用技术级序及其价值指数赋权建议表

一级技术名称(D_i)/价值指数	二级技术名称(D_{ij})/价值指数	三级技术名称(D_{ijm})
工业燃料利用配气工程/0.25	配气管网设计施工/0.30	如配气管网设计、配气管道生产、配气管件制造、配气管道施工、配气管道焊接等技术
	配送与调配/0.25	如配气管道流动保障、配气仿真与优化、配气调配等技术
	配气地面工程/0.25	如配气场站集输(配气方案设计、配气工艺、配气自动化、配气防腐蚀监测与检测)、计量与检测等技术
	配气管网完整性/0.20	如配气管网完整性检测、配气管网完整性评价、配气管网完整性管理等技术
工业燃料利用设计施工/0.25	发电配气设计施工/0.25	如天然气发电设计、室外管道设计、安全保护设计、施工、节能减排等技术
	工业集中供热设计施工/0.40	如工业锅炉、窑炉、玻璃、陶瓷、建材、热风机行业,锻造加热炉、烤漆生产线,烟叶烘干、沥青加热保温等设计与施工技术
	燃机设计施工/0.35	如重型燃机、分布式燃机、内燃机、轻型燃气轮机、重型联合循环燃气轮机等技术
工业燃料利用装备工程/0.35	配气装备/0.20	如配气管道机械、配气管件与材料、配气管道信息装备、配气管道运行仿真、管网运行智能系统等技术
	利用装备/0.50	如重型燃机、分布式燃机、内燃机、重型联合循环燃气轮机、燃料电池等技术
	利用保障装备/0.30	如工业燃料利用运行调配装备、储气调峰装备、应急抢险装备、维护维修装备等技术
工业燃料利用保障工程/0.15	供气调峰保障/0.40	如工业燃料利用储气保障、调峰保障、能源替代保障、发电生产经营系统等技术
	安全运行保障/0.35	如工业燃料利用运行调度、智能化服务(智能计量、移动付费、个性化服务)、安全运行监测与评价、装备维护、安全管理、发电信息化系统等技术
	抢险维护保障/0.25	如工业燃料抢险应急系统、装备监测、装备抢修、管道内检测、管道腐蚀与保护等技术

表 3-9 一级、二级、三级天然气交通燃料利用技术级序及其价值指数赋权建议表

一级技术名称(D_i)/价值指数	二级技术名称(D_{ij})/价值指数	三级技术名称(D_{ijm})
交通燃料利用配气工程/0.20	配气管网设计施工/0.30	如配气管网设计、配气管道生产、配气管件制造、配气管道施工、配气管道焊接等技术
	配送与调配/0.25	如配气管道流动保障、配气仿真与优化、配气调配等技术
	配气地面工程/0.25	如配气场站集输(配气方案设计、配气工艺、配气自动化、配气防腐蚀监测与检测)、计量与检测等技术
	配气管网完整性/0.20	如配气管网完整性检测、配气管网完整性评价、配气管网完整性管理等技术
交通燃料利用设计施工/0.25	交通燃料配气设计施工/0.30	如交通燃料设计、室外管道设计、安全保护设计、施工、节能减排等技术
	车用发动机设计施工/0.70	如车用燃料发动机、高压直喷发动机、大型 LNG 船用单燃料发动机、液化天然气(LNG)汽车、车用 CNG、吸附天然气(ANG)汽车等设计与施工技术
交通燃料利用装备工程/0.40	配气装备/0.20	如配气管道机械、配气管件与材料、配气管道信息装备、配气管道运行仿真、管网运行智能系统等技术
	利用装备/0.50	如重型燃机、分布式燃机、内燃机、轻型燃机、重型联合循环燃气轮机、燃料电池等技术
	利用保障装备/0.30	如交通燃料利用运行调配装备、储气调峰装备、应急抢险装备、维护维修装备等技术
交通燃料利用保障工程/0.15	供气调峰保障/0.40	如交通燃料利用储气保障、调峰保障、能源替代保障、发电生产经营系统等技术
	安全运行保障/0.35	如交通燃料利用运行调度、智能化服务(智能计量、移动付费、个性化服务)、安全运行监测与评价、装备维护、安全管理、发电信息化系统等技术
	抢险维护保障/0.25	如交通燃料抢险应急系统、装备监测、装备抢修、管道内检测、管道腐蚀与保护等技术

第四章　天然气产业科技创新要素价值形成与实现机制

第一节　天然气产业生产要素组合创新创效机制

一、生产要素内涵及其价值指数

生产要素是指人类在进行物质资料的生产过程中所必需的各种具有相对特殊功能的基本因素。按生产要素分配，就是指社会根据生产某种产品时所投入的各种生产要素的比例和贡献对投入主体进行的报酬返还。生产要素参与分配是将物质资料生产实现的利润，依据劳动、资本、技术、管理等要素所做的贡献，在普通劳动者、资本所有者、技术人员、经营管理者之间进行的分配。结合天然气产业链工程体系，从资本要素、管理要素、劳动要素、技术要素 4 个方面，讨论其子要素构成及其功能价值赋权。

(一)资本要素

资本是能够带来剩余价值的价值，从广义讲，其构成有物质资本、资金资本、人力资本、技术知识资本等。天然气产业链的生产收益既受经济规律影响又受自然规律的影响。例如，影响油气勘探开发收益的物质资本要素主要是油气储量丰度、储量规模和开发产能等，油气勘探开发的资金资本也主要投在物质资本要素中。统计分析表明，油气勘探开发资金投入中，薪酬、科技和管理创新投入仅占 30%左右。在自然资源资本方面，根据《石油天然气储量估算规范》（DZ/T 0217—2020），储量估算中油气储量丰度、油气储量规模、油气开发产能等是重要的自然资源资本子要素。国内许多学者认可自然资源作为生产要素的结论，因为自然资源的品位高低，决定了包含油气田企业在内的资源密集型企业在劳动、资本、技术不变的情况下产出的多少。

众所周知，天然气产业的经济效益是科技、管理、投资、劳动多种生产要素，以及资源禀赋、经济地理环境、价格等多个影响因素共同作用的结果。要素资源配置的结果直接决定投入产出效率和经济效益，自然条件、生产管理水平都影响生产要素的组合。在人才资源资本方面，可以提取出人才资源配置子要素；在科技资本方面，可以由油气研发投资结构指标予以体现。

现代企业理论认为企业是生产要素契约的集合，投入的各生产要素(劳动、资本、科技、管理等)相互合作，联合生产，共同为企业创造价值。例如，我国油气勘探开发有油气勘探工程、钻完井工程、油气藏工程、地面工程 4 个主要工程体系，其中油气勘探和钻完井工程并不直接产生利润。4 个主要工程体系都需要投入大量的资金、资产、技术和相关专业人才。例如，影响油气勘探开发收益的物质资本要素主要是自然资源要素，它是储量产量贡献最基本的物质基础，更是决定投资额度最重要的因素。根据《石油天然气储量估算规范》（DZ/T 0217—2020），在自然资源要素中对油气勘探开发收益贡献较大的是储量丰度、储量规模、开发产能等。

(二)管理要素

管理的主要职能是计划、组织、领导、控制、沟通，主要由组织、流程、人、目标、考核和激励 6 个要素构成。与一般制造业相比，天然气产业链生产管理的作用更加突出，更加重要。一般制造业达到设计生产能力，生产走上正轨后，只要维持简单再生产就能保持原有的生产规模，而天然气产业链要保持原有的生产规模还需不断地进行投资。即使这样，原有的生产规模也不一定能保持，这个过程中，油气生产经营管理的作用至关重要，因此天然气产业链勘探开发中有必要单列管理要素。

油气生产和经营管理的主要对象是项目。对油气勘探开发项目而言，油气储量产量经营价值除了受储量本身经济价值制约以外，还受开发生产方案、企业经营模式、市场需求，以及经济社会发展、政策制度等诸多外部因素影响。根据《项目管理指南》（GB/T 37507—2019）的 5 要素结构，油气勘探开发项目管理子要素包括项目启动、项目规划、项目执行、项目监控、项目收尾等管理内容，并结合《中国石油天然气股份有限公司油气勘探项目实施管理办法》（油勘字〔2004〕6 号）、《中国石油天然气股份有限公司天然气开发管理纲要》整理管理要素的子要素内容与权重标度。

（三）劳动要素

劳动力、劳动对象和劳动资料是物质资料生产必须具备的三个基本要素。在进行劳动要素收益分成时，必须处理好经营劳动、管理劳动、技术劳动、生产服务劳动等不同性质劳动的分配关系。劳动资料包括直接作用于劳动对象的生产工具系统、用于发动生产工具的动力系统和能源系统、运输和辅助系统，以及为实现各种劳动资料最佳结合所必需的信息传递系统等，其中最重要的是生产工具系统。例如，对油气勘探开发项目来讲，人才资源是油气勘探开发项目的第一资源，以劳动素质结构表征劳动力，以油气工程装备与信息化表征劳动资料，以油气产层、油气储层物性、油气品质类型表征劳动对象。

(四)技术要素

技术作为一种基本的生产要素,同土地、资本等要素不同,它是可以再生的,是无形的,具有综合性、外部性、独特性、独占性、时间性等特征。技术要素的固有特点对其参与经济价值分配有着重大影响。

影响技术要素经济价值分配率的主要因素包括技术的经济性、成本构成、技术水平、技术成熟度、技术专利的经济寿命或技术的法律状况、技术转让方式和受让条件、技术的通用性和性能、技术的市场化前景、技术所属行业状况等。例如,在油气勘探开发项目中,关注的是科技成果应用到具体油气勘探开发项目后的创效能力,在技术成果的法律状况、市场化转让等方面可以弱化。

根据《中国石油天然气集团公司科学技术奖励办法》(中油科〔2017〕189 号),表征技术要素创效能力的主要指标有技术性能、技术成熟度、技术水平、技术匹配性、技术经济性 5 个方面。

二、生产要素组合创新增值动力结构

天然气产业生产要素组合创新创效机制指在天然气产业增长方式的转化与发展过程中关键要素的运作机理与相互关系,本质是实现要素价值增值的过程(图 4-1)。天然气产业生产要素组合创新增值不是将创新看成从一个职能到另一个职能的序列性过程,而是将其看成创新构思产生、研究开发、设计制造和市场营销的并行过程,强调研发、设计、生产、供应商和用户之间的联系、沟通和密切合作。

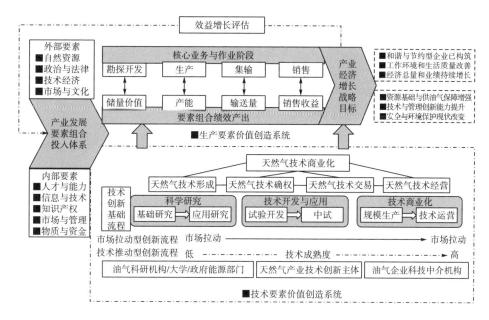

图4-1　天然气产业要素组合创新增值动力结构模式图

第二节　天然气产业科技成果价值实现机制

一、技术创新与价值创造

（一）技术创新过程与技术商业化

技术创新是一个始于研究开发并在市场应用中实现价值的过程，最终目的是技术的商业化运用以实现创效，即要求首次开发的技术成果在企业中顺利实现转化，为企业取得创新效益。

完整的技术创新过程是技术成果形成，新产品产生直至成功商业化的过程，大致可以划分为科学研究、技术开发与应用、技术商业化三个阶段，具体创新过程包括基础研究、应用研究、试验开发、中试、规模生产和技术运营等环节。

(二) 天然气产业科技价值链的行为主体

技术创新过程中参与的行为主体众多，包括高校/科研机构、企业、政府、中介机构等，各主体在创新的过程中发挥着不同的作用，保障了技术创新的顺利进行。

1. 基础研究

基础研究是创新的根基，是为获得关于自然现象的基本原理及规律的实验性或理论性活动，一般由高校、科研机构主导。发现自然规律并获取新知识是基础研究的最大特征。

2. 应用研究

应用研究主要是针对实际的目的或目标所进行的创造性研究，一般也是由科研机构、高校主导。应用研究的主要特点在于发明，发明具有实际价值的可用产品，主要有两种类型。①技术供给型，主要是基础研究的大发现与实际应用接轨产生的发明创造；②需求供给型，主要是企业或其他主体委托科研机构解决实际问题或按照他们的需求发明新产品。

3. 先导性试验

先导性试验环节一般由科研机构和企业共同主导。由于科研机构的技术成果只是实验室研究的初步成果，并不一定符合企业以及消费者对产品的要求，因此需要对应用研究成果进行二次开发。故此环节的目的是将应用研究所产生的实验室阶段的技术，经过设计、开发转化为企业所需要的能为市场服务的技术成果。

4. 企业推广应用

企业推广应用是创新产品正式投产前的试验，即中间阶段的试验，是科技成果向生产力转化的必要环节，其主要任务是解决从技术开发到试生产的全部技术问题，以满足生产需要。企业推广应用环节一般也由企业、科研机构共同主导，产品经过试验开发之后，需要由企业推广至应用部门进行各种测试，再由科研单位解决测试过程中出现的问题。

5. 行业推广应用

按商业化规模要求把企业推广应用阶段的成果转变为现实生产力，批量化生产出新产品，并解决大量的生产组织管理问题是行业推广应用环节的主要任务。行业推广应用一般由企业独自主导，结合自身资金优势，利用新技术、物力、人力规模化生产创新产品。

(三)技术形成阶段与价值变化特点

1. 技术研发与价值形成

天然气技术来自油气生产与经营的实践活动，获取途径有 3 个：一是来自油气类大学、科研院所、其他合作型科研组织的集体科学研究，这也是现阶段天然气技术形成的主要渠道。二是来自企业自建技术工程与研发中心的科技成果。三是来自独立个体劳动。在油气生产经营实践中，人们为了尽可能地降低劳动强度，不断改进劳动工具，发明新的劳动技巧、劳动工具与方法，以提高油气生产经营水平。

2. 技术开发应用与商业价值实现

技术开发应用阶段早期是应用基础理论的有形化，并将技术资源与市场需要联结起来的阶段，技术创新从根本性创新转移到工艺创新，主要是提供了主导设计的产业标准，降低了市场不确定性，开始产生直接经济效益。在技术开发应用阶段中晚期，当技术创新主导设计确定后，技术性能基本稳定，大规模应用成为可能，企业由此享有规模经济，同时创新程度下降，技术创新的重点是以降低成本和提高质量为目标渐进性的工艺创新。技术因经过二次开发而具备向生产力转化的能力和条件，技术的价值主要由其商业价值(可能带来的超额利润)体现。

3. 技术应用晚期与价值衰减

在技术由成熟转向衰退的阶段，技术所能带来的超额利润已较少，技术价值主要由技术交易或转让过程中供需双方的投入成本构成，包括人力、物力、财力等。

二、技术价值链与创新创效模型

(一)技术价值链基本模型

技术价值链(technology value chain，TVC)是指从技术形成到技术创造价值的过程，以价值增值为目标，由一系列相互独立的技术环节，按照其内在影响关系呈链状连接的有序系统。借鉴迈克尔·波特的价值链结构，全面考虑能够可持续驱动天然气产业链价值的技术业务流程和技术活动，以及对其有重要影响的各项技术支撑性管理活动，构建如图 4-2 所示的天然气技术价值链基本模型。

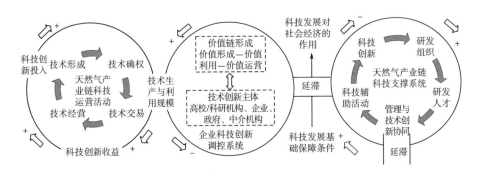

图 4-2　天然气技术价值链基本模型图

根据油气科技的内在作用机理，天然气技术价值链的起点应是技术成果形成,依次通过天然气技术确权与技术交易完成技术的资本化历程。依据技术价值创造能力及重要性差异,可把天然气技术活动划分为两类:天然气技术营运与技术支撑活动。围绕天然气技术形成与运营的全过程设计价值流程,天然气技术形成、技术确权、技术交易、技术经营都成为重要增值点。天然气技术经营可细分为商品式、资产式与资本式三种。

天然气技术支撑活动包括技术组织、技术人才、技术创新文化与其他辅助活动,为技术活动的高效运转从实物、信息、知识、人力等方面提供全方位支持。

(二)技术价值链驱动模型

1. 技术推动型与拉动型创新模型

市场拉动理论是在 20 世纪 60 年代由美国经济学家施莫克勒提出的,其主要思想为技术创新源于市场对企业的技术需求。在这种创新模式中,市场需求是研究和开发技术的主要动力,决定着创新的方向,在创新中起着关键作用。油气市场需求拉动模型认为天然气技术创新是市场需求引发的结果,油气市场需求在创新过程中起到关键作用。油气市场需求所引起的创新大都是渐进性创新,不像基础性创新那样能产生较大的影响力。市场拉动型创新是以企业为主导的创新,天然气产业链决定创新的概念和方向,此种形式下企业寻求与科研机构合作,寻找到合适的科研机构后,告知其技术创新需求,通过合作开发模式和委托开发模式进行应用开发。

天然气技术推动型创新指的是创新过程始于研究开发,经过油气生产销售最终将技术成果推向市场,市场是创新成果的被动接受者。从整个过程来看,影响最终效果的因素还是技术本身,处于不同发展阶段的技术进行转移后可能带来不同的效果,即取决于技术的成熟度。处于成熟阶段的技术,最接近市场,故其技术转移成功率较高,风险较小;处于半成熟阶段的技术,还未经过完全开发,成熟度低,所以技术转移成功率较低，且整体转移风险较高。技术创新模式的不同导致技术创新经济价值分配方式的不同，按照技术成熟度的不同，主要有技术许可和技术转让两种模式。

2. 技术与市场协同创新驱动模型

天然气技术与市场协同创新驱动即市场与技术交互作用的创新模式(图 4-3)。该模型认为技术创新是由技术和市场共同作用驱动的，创新过程中油气生产各环节之间，以及创新与市场需求和技术进展之间还存在交互作用的关系，技术推动和需求拉动在技术产品生命周期及创新过程的不同阶段有着不同的作用。

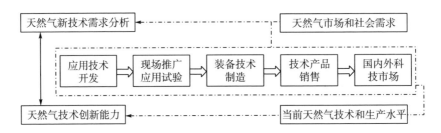

图 4-3　天然气技术与市场协同创新驱动图

三、天然气产业科技成果创效特性

(一)科技成果创效的生命周期性与阶段性

1. 生命周期性

生命周期评价是一种用于评估产品在其整个生命周期(即从原材料的获取、产品的生产直至产品使用后的处置)中对环境影响的技术和方法。目前，天然气项目经济效益评价多采用生命周期评价方式。天然气产业链科技成果创效生命周期评价涉及天然气勘探、开发、储运、利用等阶段。

1)天然气项目生命周期性

天然气项目包括勘探开发(地质勘探、物化探、钻完井、气藏工程、采气工程、地面工程)、储运工程、利用工程等业务链，每个业务链都涉及生产要素的投入。需要注意的是气藏发现是长期波浪式勘探的产物，需要持续不断地进行开发作业，才能实现产能建设目标、稳产、防止快速递减等，这都涉及生产要素的投入。因此，天然气技术创效从项目生命周期视角进行评估更符合实际。

2)科技成果生命周期性

生产要素投入在项目生命周期内都有不同程度的贡献，并且贡献值随阶段变化而变化。立足科技成果在项目生命周期中持续贡献的客观实际，科技成果创新创效在天然气项目生命周期内都具有不同程度的作用。

2. 阶段性

1)天然气产业链工程业务流程创效的阶段性

天然气产业链中无论上游产业，还是中下游产业，其工程业务流程创效都具有阶段性。例如，一个气藏的开发生命周期，按天然气产量曲线(也叫采油气动态变化曲线)可将其划分为 4 个阶段，即投产建设阶段、稳产阶段、产量递减阶段、低压小产阶段；或者划分为 3 个时期，即开采初期、开采中期、开采后期。技术创效在勘探开发早中晚期差别很大。

2)天然气科技成果创效的阶段性

天然气科技成果具有技术自身的生命周期与创效流程。例如，天然气技术在其成熟阶段应用较为广泛，创效能力较强。

(二)科技成果创效的协同性与级序性

1. 协同性

协同性就是指两个或者两个以上的不同资源或者个体，协同完成某一计划的过程或能力。油气行业是资本密集型和技术密集型行业，特别是天然气增储增产是全生产要素协同作用和技术体系协同创效的结果。

1) 生产要素协同创效性

天然气产业生产要素(资本、管理、劳动、技术)协同创效指的是天然气生产过程中全生产要素有差别地投入和协同作用，共同实现天然气发现、增储和增产。因此，任一生产要素都具有不同程度的贡献，在技术创效评估中绝不能忽视资本、管理和劳动的贡献。

气田或工区经济效益的取得离不开科技、管理、资本、劳动力等生产要素的共同作用，直接计算法计算的增量经济效益是生产过程中全生产要素的增量经济效益。因此，在测算天然气科技成果经济效益时，必须在考虑全生产要素增量经济效益贡献的基础上，减去非科技成果因素的增量经济效益。

2) 技术级序协同创效性

天然气产业链工程业务技术、业务专业技术等具有多样性，即少部分科技成果只涉及一个专业，大部分科技成果属于复合集成创新，一般都涉及两个或两个以上的专业技术领域，一些特大型综合性科技成果甚至涉及全部技术级序。例如，增储增产是天然气勘探开发多技术级序协同作用的产物，仅依靠某一项技术在增储增产中获得较大效益几乎是不可能的。

2. 级序性

1) 天然气技术创效的级序性

任何技术或技术体系都具有级序，它们之间的创效能力差异很大。例如，在天然气勘探开发技术级序中，从一级、二级、三级到四级技术，创效能力依次降低。

2) 同一技术创效的级序性

同一技术因应用的业务对象、阶段、与其他技术的组合方式等不同，其创效结果也有所不同。

(三)科技成果创效的依附性与延时性

1. 依附性

科技成果可以转换成不同的载体形式而被存储或传播，供更多的人分享。科技不能脱离物质和能量而独立存在，必须依附于物质和非物质载体，而且同一个科技成果可以依附于不同的载体，只有具备一定载体才能实现自身价值。科技成果的依附性也使其具有可存储与复制、可传播和可转换等特点。天然气资源、工程业务流程和天然气产品等都可成为天然气科技成果的依附载体。

1)对天然气资源的依附性

天然气产业科技成果应用对象为全产业链工程、业务、作业。显然，相同技术作用于不同自然资源禀赋的气藏，必然产生差别巨大的效益。技术创效的依附性也造成相同技术在不同应用领域(如常规气藏、页岩气藏、致密气藏等)，其基础价值指数和创效能力差别较大,例如，四川 X 气藏开发与低渗透致密气开发，创效差异巨大。

2)对工程业务流程的依附性

同一科技成果应用于产业链不同工程业务流程的创效差别很大。例如，地质资源评价在勘探阶段创效较大、地面工程技术在开发阶段创效较大。

3)对天然气产品的依附性

天然气产业生产要素产出净值都依赖于天然气产品市场营销。例如，在勘探开发阶段若无储量发现，则所有投入沉没。只有实现天然气产品销售才能最终体现天然气科技成果开源节流降本增效的作用与价值。又如,天然气利用的生态环保效益,依赖于天然气综合利用节能减排效果。

2. 延时性

1)科技成果投入价值实现的延时性

科技成果投入价值实现不仅需要过程，而且需要创效时间和价值确认时间。例如，天然气勘探阶段不能实现天然气价值，只有到开发阶段形成商品，销售后才能实现投资回报。天然气储量获得与产量实现的过程能够充分体现科技成果投入价值实现的延时性。

2）技术创效的延时性

技术创效的延时性或滞后性，即许多科技成果的经济效益一般不会反映在研发阶段，往往要经历一个较长的应用期才会显现出来。一些研发周期长、投资大、具有重大创新意义和战略意义的天然气科技成果，因其应用转化周期较长，其创效的滞后性越发明显。特别是天然气技术增量效益并不能完全体现当期技术创新创效的贡献，如勘探科技成果价值要在开发阶段才能实现。实践证明，大型气藏的发现是多年坚持勘探实践和持续科技创新投入的产物，也就是整个勘探技术体系协同、持续、波浪式应用的结果。

（四）科技成果创效的多维性与间接性

1. 多维性

天然气科技成果的经济效益往往表现为直接效益、间接效益、预期经济效益、社会效益、环境效益、安全效益、市场效益以及近期效益与长远效益等，呈现多维性。

就天然气科技成果直接经济效益类型而言，又可分为增储、增产、降本增效、技术服务、新产品等。

2. 间接性

1）效益分割的间接性

天然气科技成果创效无论属于直接经济效益，还是间接经济效益，都需要在确定效益基数的前提下，经过技术效益分成或分配评估才能确定，即效益分成或分配评估具有间接性。

2）效益计算的间接性

效益分成或分配评估具有间接性，因此形成了多种科技成果经济价值评估技术和数学模型，其主要参数指标赋权也只能采用间接方式确定，形成效益计算的间接性。

总之，由于天然气科技成果创效的生命周期性与阶段性、协同性与级序性、依附性与延时性、多维性与间接性，过去技术的效用、在用技术的效用、典型技术的创效都很难准确评判，增大了精细评估技术创新创效难度，严重制约了油气科技成果价值评估，长期困扰着科技绩效评估人员，也制约着科技成果创新创效激励政策的落地。

第三节　天然气产业链科技成果项目经济效益评价

《资产评估执业准则——无形资产》中规定，确定无形资产价值的评估方法包括市场法、收益法和成本法三种基本方法及其衍生方法，其内涵与国际上通行的三种评估方法相同。根据项目经济效益产出类型划分科技成果类型(表 1-2)，即增储类、增产类、输气类、储气类、用气类、其他增效类(降本增效、技术服务、新产品类、技术交易等)，按照油气行业项目技术经济评价相关规范，分别计算其项目净现值或净利润，作为科技成果经济价值分成基数。

一、增储类科技成果项目经济效益评价

新增天然气储量是指通过将天然气地质勘探技术、物探技术、钻完井技术、勘探装备工程技术、勘探保障工程技术等成果，应用于气藏勘探新发现的天然气储量。采用折现现金流量法计算新增天然气储量的经济效益——税后财务净现值。增储类科技成果项目经济效益计算公式及数据要求见表 4-1。

表 4-1　增储类科技成果项目经济效益计算公式及数据要求

成果类	成果亚类	项目经济效益数据	计算公式
增储类	新增石油天然气探明地质储量	石油天然气探明地质储量报告中经济可采储量的税后财务净现值	直接采用自然资源部或公司备案的《X 油田 X 区块 X 层位新增探明石油(天然气)地质储量报告》中经济可采储量的税后财务净现值
	新增石油天然气控制地质储量	石油天然气控制地质储量报告中经济可采储量的税后财务净现值	直接采用自然资源部或公司备案的《X 油田 X 区块 X 层位新增控制石油(天然气)地质储量报告》中经济可采储量的税后财务净现值
	新增石油天然气预测地质储量	类比估算预测地质储量升级为探明地质储量后相应的税后财务净现值	区块增储现值=新增探明可采储量×(类比区块探明可采储量净现值/类比区块探明可采储量) 新增探明可采储量=(新增预测地质储量×采收率)×0.1 区块增储现值=新增技术可采储量×(类比区块经济可采储量/类比区块技术可采储量)×类比区块探明可采储量现值 新增技术可采储量=新增预测地质储量×技术采收率

二、增产类科技成果项目经济效益评价

以获取新增天然气产量为主要目的,应用天然气开发技术体系——气藏工程技术、采油气工程技术、地面工程技术、开发装备工程技术、开发保障工程技术等成果,进行气田开发生产,取得超出常规技术措施的产气量。提高天然气产量有两种形式,一是老区新增的和弥补自然递减的天然气产量的效益;二是新区新增天然气产量,是指实施新技术后实际天然气产量的效益。增产类科技成果项目经济效益计算公式及数据要求见表 4-2。

表 4-2　增产类科技成果项目经济效益计算公式及数据要求

成果类	成果亚类	项目经济效益数据	计算公式
增产类	新区新增天然气产量	天然气新增产量采用现金流量法计算税后财务净现值	$$NPV = \sum_{i=1}^{n}(CI-CO)_i(1+i_c)^{-i}$$ 式中,CI 表示天然气销售收入;CO 表示天然气运营总成本;i_c 表示折现率;n 表示年限
	老区已兑现新增天然气产量	已发生的销售收入扣除完全成本和所得税后的净利润	增产净利润=当年新老区新增气量×商品率×(单位气价−单位天然气完全成本)−所得税
	老区后续确定性新增天然气产量	预测后续销售收入扣除完全成本和所得税后的预期净利润	预期增产净利润=预测新老区新增气量×预测商品率×(预测单位气价−预测单位天然气完全成本)−预计所得税

三、输气类科技成果项目经济效益评价

输气类科技成果项目经济效益计算公式及数据要求见表 4-3。

表 4-3　输气类科技成果项目经济效益计算公式及数据要求

成果类	成果亚类	项目经济效益数据	计算公式
输气类	实际新增管输量	新增管输量销售收入扣除完全成本和所得税后的净利润	新增净利润=利润总额-所得税 利润总额=增量×管输费率×管输价差-完全成本 完全成本=生产成本+期间费用+税金及附加 税金及附加=增值税×(城市维护建设税率+教育费附加税率)
	预期新增管输量	预期新增管输量销售收入扣除完全成本和所得税后的净利润	预期新增净利润=预期利润总额-所得税 预期利润总额=增量×管输费率×管输价差-完全成本

四、储气类科技成果项目经济效益评价

储气库具有多重价值，如战略价值、储备价值、财务价值等，本部分特指储气库的财务价值。地下储气库建设项目通过提供天然气存储服务取得收入，根据天然气调峰气量和储转费计算营业收入。储气类科技成果项目经济效益计算公式及数据要求见表 4-4。

表 4-4　储气类科技成果项目经济效益计算公式及数据要求

成果类	成果亚类	项目经济效益数据	计算公式
储气类	实际新增天然气销售量	新增天然气量销售收入扣除完全成本和所得税后的净利润	新增净利润=新增销售额-储气库调峰成本费用-所得税 储气库调峰成本费用=年调峰气量×储气库单位生产成本费用 新增销售额=管道年输气量×单位储气费
	预期新增天然气销售量	预期新增天然气量销售收入扣除完全成本和所得税后的净利润	预期新增净利润=预期新增销售额-储气库调峰成本费用-所得税

五、用气类科技成果项目经济效益评价

用气类科技成果项目经济效益计算公式及数据要求见表 4-5。

表 4-5　用气类科技成果项目经济效益计算公式及数据要求

成果类	成果亚类	项目经济效益数据	计算公式
用气类	实际新增天然气销售量	新增天然气销售收入扣除完全成本和所得税后的净利润	新增净利润=利润总额−所得税 利润总额=营业收入−完全成本 完全成本=生产成本+期间费用+税金及附加费 税金及附加费=增值税×(城市维护建设税率+教育费附加税率)
	预期新增天然气销售量	预期新增天然气销售收入扣除完全成本和所得税后的净利润	预期新增净利润=预期利润总额−所得税 预期利润总额=预期营业收入−完全成本

六、其他增效类科技成果项目经济效益类型及评价

(一)其他增效类科技成果项目经济效益类型

天然气产业链其他增效类科技成果项目经济效益类型包括降本增效收益、技术服务收益、新产品类收益、技术交易收益等。

1. 降本增效收益

降本增效收益指的是在油气勘探开发阶段应用新技术、新工艺、新产品等对现有流程、工艺、装备等科技成果进行改进或改造,实现节约支出、节能降耗效果的收益。例如,降低气田的生产成本、节约建设投资等增加的经济效益;又如,节约投资以及工时和生产用料、减少浪费和废品等为企业创造的经济效益。

2. 技术服务收益

技术服务收益指的是在油气勘探开发阶段将科技成果应用于企业承担的技术服务任务而获得的经济效益。技术服务收益非技术转让,

技术转让属于技术产品销售，其经济效益表现为技术产品销售收益。

3. 新产品类收益

新产品类收益包括新产品收益、替代进口产品收益、换代产品收益等。

换代产品收益指的是在油气勘探开发阶段在原有产品的基础上，采用新材料、新技术、新工艺，革新了原产品的原理、功能、性能而获得的收益。

替代进口产品收益指的是在油气勘探开发阶段将科技成果形成的新工艺或新产品应用于企业生产系统(未对外销售)，代替原来在用或原计划应用的进口技术，为企业节约的资金。

4. 技术交易收益

技术交易收益指的是参照市场上相同或相似技术成果价格确定技术交易价格，并扣除完全成本(研发成本+交易成本)后获得的增值部分。

(二)其他增效类科技成果项目经济效益评价

其他增效类科技成果项目经济效益计算公式及数据要求见表4-6。

表4-6　其他增效类科技成果项目经济效益计算公式及数据要求

成果类	成果亚类	项目经济效益数据	计算公式
其他增效类	新产品	已发生的销售收入扣除完全成本和所得税后的净利润	净利润=新产品销量×(新产品销售单价-新产品单位完全成本)-所得税
	换代产品	换代产品经济效益高于原有产品经济效益产生的净利润	净利润=[换代产品销量×(换代产品销售单价-换代产品单位完全成本)-原产品销量×(原产品销售单价-原产品单位完全成本)]-(换代产品所得税-原产品所得税)
	替代进口产品	自产替代进口产品成本低于原外购产品价格产生的净利润	净利润=替代进口产品销量×(原产品销售单价-替代进口产品单位成本)
	技术服务	已发生的技术服务收入扣除完全成本和所得税后的净利润	净利润=技术服务收入-技术服务完全成本-所得税

续表

成果类	成果亚类	项目经济效益数据	计算公式
其他 增效类	技术交易	已发生的技术交易收入扣除完全成本和所得税后的净利润	净利润=交易量×(单位交易价格−单位交易成本)−税金及附加费−所得税
	降本增效	已发生的节省建设项目投资或降低运行成本总额	节约建设项目投资=新技术实施前投资总额−新技术实施后投资总额 降低运行成本=新技术实施前运行成本−新技术实施后运行成本

注：合资合作项目的收益分成基数为总收益基数乘以项目合作相关条款规定的收益分配率

第五章 天然气产业科技成果市场化价值评估体系与溯源分配评估

第一节 积极构建天然气产业科技成果市场化评估体系

一、制度化的科技成果评价制度体系

(一)全面贯彻落实党和国家科技评估政策

习近平总书记在 2016 年全国科技创新大会上对科技成果评价工作作出重要指示：要改革科技评价制度，建立以科技创新质量、贡献、绩效为导向的分类评价体系，正确评价科技创新成果的科学价值、技术价值、经济价值、社会价值、文化价值。习近平总书记在 2018 年两院院士大会上指出："要加快创新成果转化应用"。

我国颁发了系列文件推进科技创新成果转化与市场化评估，如《中共中央关于全面深化改革若干重大问题的决定》（2013 年 11 月 12 日中国共产党第十八届中央委员会第三次全体会议审议通过），《中共中央 国务院关于深化体制机制改革加快实施创新驱动发展战略的若干意见》（国务院公报 2015 年第 10 号），《国务院关于大力推进大众创业万众创新若干政策措施的意见》（国发〔2015〕32 号），《中华人民共和国促进科技成果转化法》（2015 年修订），《中华人民共和国科学技术进步法》（2021 年修订）。系列文件主要精神：持续鼓励和支持科技创新，大力推动科学技术成果的推广应用，不断规范科技成果转化的评估活动，有序开展科技成果评估方法标准化研究与应用，等等。

并且，鼓励创办从事技术经济评估的中介服务机构，建立主要由市场决定评价成果的机制。从评价数量转向研究质量、原创价值和实际贡献。为科学技术成果转移、交易提供支撑服务，推动科学技术成果的推广和应用。

国家进一步规范了科技成果价值评估的方法，以加快建设现代化高水平科技成果交易市场。2020 年 7 月 21 日，国家市场监督管理总局、国家标准化管理委员会联合发布了《科技成果经济价值评估指南》（GB/T 39057—2020），该标准于 2021 年 2 月 1 日开始实施。中国科技评估与成果管理研究会 2020 年 8 月 21 日发布与实施《科技成果评估规范》（T/CASTEM 1003—2020），规定了科技成果价值评估的范围、规范性引用文件、术语和定义、评估内容与方法、评估流程及要求等。《科学技术研究项目评价通则》（GB/T 22900—2022)明确了基础研究项目、应用研究项目、开发研究项目的分类。《国务院办公厅关于完善科技成果评价机制的指导意见》（国办发〔2021〕26 号）提出要健全协议定价、挂牌交易、拍卖、资产评估等多元化科技成果市场交易定价模式，加快建设现代化高水平科技成果交易市场。

（二）切实解决油气行业科技成果价值评估的瓶颈问题

我国油气行业科技成果价值评估有基础，特别是中国石油天然气集团有限公司科技管理部组织开展的年度科技成果鉴定和评奖活动，在促进科技成果的完善和科技水平的提高等方面发挥了重要作用。但科技成果价值评估也存在主要依靠专家评审，而不是通过市场、用户或社会实践进行检验和评估等弊端。回顾近几年工作，在科技立项、科技成果验收鉴定、科技成果报奖评奖中，科技成果经济价值计算数值不实、评价参数有误、评价方法不规范等问题比较突出。提交的科技成果经济价值难以认定、难以核实，科技成果转让的交易价格依据难以信服。究其根源，很多是在科技成果验收、鉴定、报奖中，科技成果价值评估不真实、评价方法不规范，不能真正反映成果的价值，也影响了科技成果的转化。因此，迫切需要建立天然气科技成果经济价值评估的理论、方法和计算模型。

《科技成果经济价值评估指南》(GB/T 39057—2020)促进了各行业不断规范科技成果转化的评估活动，为科学技术成果转移、交易提供支撑服务，推动科学技术成果的推广和应用，但该规范没有对操作方法做出具体的指导。为了让相关政策落地，急需建立一套适用于天然气科技成果价值评估的理论、方法和计算模型，解决科技成果价值评估不够科学、规范的问题；按照国家相关规范要求，形成由评估单位负责科技成果价值评估核实的制度，给出独立、客观、公正的经济价值评估结果；将科技成果价值评估结果作为评判研发效率和效能优劣的重要标准，提升研发水平。

(三)健全科技成果转化评价体系，促进科技成果与知识产权定价

通过完善科技成果价值评估机制，引导规范第三方科技成果价值评估，并形成一套完善的评估标准，实现独立、公正、客观的第三方评估体系。建立以市场化为导向、适应不同用户需求的科技成果评价体系。以科技成果转移转化为核心，研究制定"天然气科技成果转移转化评价规范"，编制配套的评价报告、操作手册、工作模板。

探索建立国有企业自主决定科技成果转化交易定价方式。科技成果转化法赋予了高校科研院所自主交易处置权，国有资产、国有企业主管部门和科技主管部门应联动起来，探索建立既尊重国有企业性质，又能促进科技成果转化的交易路径，出台促进国有企业开展科技成果转化的支持政策，赋予定价自主权与豁免权，允许国有企业科技成果与知识产权采用进场交易、拍卖和协议定价成交等方式自主定价。

(四)构建完善成果评估和应用转化组织管理机制

构建完善的科技成果价值评估组织管理机制，建立健全评估中心

发展内部治理机制、行业内监督机制、第三方评估与认证机制等，研究制定"天然气科技成果价值评估管理办法"。开发先进的技术评估管理信息系统平台，构建基于客观数据的科学的科技成果价值评价机制与评价体系，引导科技成果价值评估机构科学化、规范化、系统化发展。

二、多元化的科技成果评价组织体系

(一)加快构建第三方科技成果价值评价组织与管理体系

科技成果经济价值评估工作是一项专业性很强的工作。目前，针对油气行业工程建设项目经济评价工作已经建立起了专业评价机构和成熟的人才队伍(如中国石油的勘探开发研究院和规划总院的经济所、天然气产业所拥有的技术经济评价机构等)，以及相关的方法、制度体系。然而，尚未系统建立科技成果经济价值评估组织和制度体系。因此，应参照工程项目技术经济评价组织体系架构，健全和完善企业内部科技成果评价组织。可优先健全和完善天然气产业龙头企业内部科技成果自评价组织，强化科技成果评价管理、评价质量监管和评价成果的推广应用。同时，加强科技成果评价工作考核与激励，以及科技评价智库管理。

加快构建第三方评价组织体系，即构建具有独立法人的第三方科技评估公司、咨询公司、国外科技评价中心或咨询公司。通过与拥有科技咨询或科技评估业务的外部企业合作，促进多元化、社会公允性强的第三方科技成果评价组织体系的建立。加快科技评价方法开发、评估流程的软件化，形成规范化的科技成果评价操作体系。强化科技成果评价的基础数据集成和挖掘，形成智能化的科技成果评价决策支持体系和共享体系。

(二)积极培养科技成果价值评估领军人才

加强科技成果价值评估人才队伍建设。制定实施天然气产业科技成果价值评估高端人才培养规划，整合汇集各专业领域专家学者与业界精英,建立高端人才库,培育国内一流的领军人才和青年杰出人才。鼓励和支持有较高理论素养和政策水平的天然气产业链科技人才参与科技成果价值评估工作。深化评估人才岗位聘用、职称评定等人事管理制度改革，完善以品德、能力和贡献为导向的人才评价机制和激励政策。构建天然气科技成果价值评估领军人才队伍结构体系，以体现价值评估工作规律和天然气科技成果价值评估领军人才的成长规律。培养具有相当业务知识和专业水平、具有国际视野和创新能力、能够提供综合性高端服务的复合型领军人才，发挥领军人才的引领和辐射作用，推动评估人才队伍整体素质的全面提升，为天然气科技成果价值评估提供人才保障。

注意防范科技成果价值评估的执业风险。价值评估行业作为当前市场经济体制下不可或缺的专业性中介服务行业，对规范市场经济运行，维护市场秩序具有重要的作用。价值评估行业本身具有较高的风险，评估师在执行评估业务时，应对自身所面临的行业固有风险和外部风险有足够的认识，以增强防范意识，规避风险因素。在科技成果价值评估中，特别要注意防范科技成果价值评估的执业风险，评估师应谨慎确定价值分享参数，提升评估的严肃性。

三、规范化的科技成果评价平台体系

(一)积极推进科技价值评估基础工作平台建设

科技成果经济价值评估工作是一项技术与经济专业性很强的工作。当前，针对油气行业工程建设项目经济评价工作已经建立了专业评价机构和人才队伍。可依托其价值评估组织和制度资源，强化科技成果经济价值评估专业机构和专业队伍的建设，有效推动和规范天然气科技成果经济价值评估基础工作。一是科技成果评估软件开发。开发科技成果价值信息管理系统，并设置相关功能模块（包括专家查询库、评估工具库等五大部分），最终开发完成评估系统。二是科技成果分类评价。按照规范，结合天然气产业实际情况对应用基础研究成果、应用研究成果、技术开发研究成果进行分类评价。三是评价方式，包括企业内部专家现场会议评审、专家线上函评、第三方评价公司独立评价。针对技术指标采用的方法有德尔菲法、层次分析法、综合评价法等。针对效益指标采用的主要方法有市场价值法、成本法、收益分成法等。针对评价指标体系，以《科技成果评价试点暂行办法》的评价指标为基础，结合油气企业实际情况，对指标体系进行优化。四是评价流程。科技成果评价流程包括评价委托申请和受理、组建科技成果评价小组、制定科技成果评价方案、采集评价信息、报告内审或函审、交付评价报告和登记备案。

（二）积极促进科技经济价值评估中介平台建设

天然气产业链科技中介机构是促进科技和经济结合的桥梁和纽带，应抓好五方面的工作，促进科技经济价值评估中介平台建设。①完善配套政策，大力发展天然气专业化技术转移服务中介机构，培育建设技术转移示范机构，加强科技成果价值评估从业人员的技能和知识培训，健全技术转移创新服务体系。②注重培育天然气专业优势特色技术市场，因地制宜、因势利导打造区域性技术转移示范区，推动技术市场的跨区域协同发展和科技成果价值评估。③深化天然气产业链技术创新和科技成果交易主体地位，支持企业开展技术原始创新、集成创新和引进技术的二次开发，鼓励企业购买先进适用科技成果进行转化应用，使企业真正成为技术输出和技术吸纳的主体，同时加强科技成果价值评估。④加强产学研合作，在各级科技计划项目立项和价值评估中，把技术创新成果的实用性和成果转化作为重要的评价考核指标，将技术转移成效逐步纳入天然气产业链和科研院所的考核评价体系。⑤建立天然气产业链统一科技成果交易平台，强化科技成果价值评估，共享科技转让成果信息，实现各天然气科技成果交易的互联互通，提升油气技术市场的整体水平。

(三)加强科技成果价值评估成果对外交流和传播平台建设

坚持引进来与走出去相结合，建立与国内外知名科技成果价值评估机构的交流合作机制。完善公开公平公正、科学规范透明的立项机制，建立长期跟踪研究、持续滚动资助的长效机制。积极参与国内外评估机构对话，定期举办天然气产业科技成果价值评估峰会，积极与国内外著名科技咨询评估机构、能源企业等合作开展科技成果价值评估项目的研究，发挥评估中心在对外开放和国际交流中的独特优势，提升评估中心的竞争力和影响力。

四、智能化的科技成果评价决策支持体系

(一)积极推进智能化的评价决策支持体系建设

智能决策支持系统是计算机管理系统向智能化和产业化发展的第四代产物，是科技成果价值评估的基础条件之一。因此，应加大天然气科技成果价值评估智库建设资金投入，强化科技成果评价的基础数据集成和挖掘,形成智能化的科技成果评价决策支持体系和共享体系，为天然气科技成果价值分享提供智能决策支持。

加强科技成果价值评估数据中心建设。科技成果评价的基础数据包括：油气勘探开发、储运、销售利用、炼油与化工等科技成果的技术指标数据、效益指标数据、技术资源数据、科技成果评价案例数据等。

强化智能化的科技成果评价决策支持体系建设。建设内容由四库(即数据库、知识库、模型库和方法库)协同系统，以及科技成果评价

专家库(人机对话子系统)等构成,具有人机交互层、功能层、支撑层三层结构。

(二)加快天然气技术谱系构建与应用

强化油气技术资源战略管理,进行天然气产业链技术级序开发,为科技成果经济价值评估奠定基础。随着我国油气资源勘探开发向深层、深海、非常规领域扩展,技术市场需求更加多样化,特别是在国家清洁能源战略布局下,天然气产业链将会建立起更加庞大复杂的勘探开发技术产品谱系,这是油气技术资源战略管理的必然趋势。应结合国内外油气技术的发展趋势,围绕科技发展战略做好顶层设计,深入开展油气技术资源调查,提出未来油气勘探开发技术产品谱系化类型及关键技术。

技术级序是刻画技术体系间基本功能关系的索引、收益分成的关键工具。它与技术有形化的技术树在设计理念、目标与用途方面都有很大差别。因此,应当根据有形化技术成果,规范梳理油气技术谱系命名工作,优化技术产品级序名称和数量,做好谱系基本赋权。加强技术谱系资源数字化、资源共享和价值化管理工作,为油气勘探开发技术研发-应用-价值化-推广应用一体化平台建设提供支持。

专业队伍做专业的事情。科技管理组织开展技术资源调查,规范梳理技术级序,抓好各类技术级序的结构和数量设计、技术命名、技术基本功能价值赋权等工作。每个一级技术下设5～10个二级技术,每个二级技术下设5～10个三级技术。由科技管理部门授权集中管理技术级序与分成基数成果,定期公布。

(三)建立完善科技成果价值评估智库生态运行机制

强化天然气产业链龙头企业在智库发展规划、政策法规、统筹协调等方面的宏观指导作用。研究制定"天然气科技成果价值评估智库管理办法"，建立健全智库发展战略、智库业务流程与规章制度、智库监督约束机制等。积极打造面向全国油气行业的新型智库研究与评价中心,开发智库管理信息系统平台,促进新型智库建设数智化发展。

构建完善的科技成果价值评估研究运行机制。积极打造面向全国油气行业的新型智库研究与评价中心，增设科技成果价值评估智库研究专项，编制决策咨询研究计划及重点课题指南，建立天然气产业重大科技决策咨询研究课题发布平台，提高科技成果价值评估重大问题研究的组织化程度。加大科技成果价值评估智库建设资金投入，建立科技信息报告制度和共享知识库。

第二节　单项科技成果经济价值溯源分配评估模型

一、经济价值溯源分配评估模型设计思路与原则

(一)思路

1. 全面贯彻落实国家要素市场化配置和科技成果评价的相关政策

党和国家长期强调按照要素分配，提出完善要素市场化配置以实现要素自由流动和价格灵活反应等目标，为技术作为一种重要的生产要素参与市场交易与劳动分配提供了政策支撑。《国务院办公厅关于印发要素市场化配置综合改革试点总体方案的通知》(国办发〔2021〕51 号)指出，构建充分体现知识、技术、管理等创新要素价值的经济价值分配机制。

科技成果经济价值评估是技术价值市场化商业化和量化考评、有效激励科技人员的科学手段。然而，受技术价值取向、价值判断方式和评估方法的影响，在技术价值评估中如何确定待评估技术体系中单项科技成果经济价值的分配率，成为技术价值评估的重大攻关课题。

因此，如何在现有研究成果基础上，集成创新适合天然气产业科技成果经济价值评估的方法体系，解决科技成果经济价值评估以宏观指标评判天然气项目、参数权重平均化和过度简单化、高估科技创效等问题，成为一项任重而道远的科技使命。

2. 坚持天然气产业生产要素协同创造价值，共同合理分享全要素的增量经济效益

价值分配（形式）不是由价值创造者决定，而是由生产要素所有权决定，技术、劳动、资本、管理四要素共同决定生产要素收益。尊重生产要素的基本贡献就是尊重自然资源价值、技术要素价值、管理要素价值、劳动要素价值。评价天然气科技成果经济价值需要确定上述要素的增量经济效益，这样才能发展和创新科技成果价值评估方法，才能有效推进科技绩效评估工作，才能获得更大范围的认知、认同、价值让渡。

影响科技成果经济价值分配率的因素很多，增量经济效益并不全是天然气科技成果的增量经济效益，因为气田或工区经济效益的取得离不开技术、管理、资本、劳动等生产要素的作用，采用直接计算法计算的增量经济效益是生产过程中全要素的增量经济效益。因此，计算天然气科技成果经济价值时必须在全要素增量经济价值基础上减去管理、资本、劳动等生产要素的增量经济价值，以及价格变化、资源禀赋与经济地理环境差异导致的经济效益变动。

3. 遵循收益分成方法，科技成果经济价值分配率大小与基础贡献和特殊贡献相关

长期以来，收益分成法都是用于技术价值评估的主要方法之一，评估实践中科技成果的创效能力被放大或缩小成为常态，特别是对单项科技成果经济价值分配率的测算已成为科技成果价值评估的攻关课题。油气科技成果创效不仅是全生产要素协同作用的产物，更是复杂的天然气技术体系协同作用的结果，应遵从天然气技术价值实现过程、

技术体系基本结构功能级序和创新性技术特性，通过建立技术谱系，采用技术要素价值指数溯源进行单项科技成果经济价值分配率测算。依据科技成果的技术创新程度、先进程度、成熟程度等指标，确定单项科技成果的技术创新分配系数，实现从整体技术到单项或单一创新性技术逐级分成，即收益溯源分配法或收益分成法。

总之，天然气产业科技成果创效的本质是在项目生命周期内，全生产要素和技术体系协同创造价值。坚持天然气产业生产要素共同合理分配收益，科技成果只能按价值贡献参与收益分配，分配比例应根据技术本身在创效过程中所起的作用和贡献来确定。科技成果经济价值分配率与其基础贡献和科技成果创效能力密切相关。

（二）原则

天然气产业科技成果经济价值分配率的确定对评估结论有着重大影响，如何正确、合理地确定科技成果经济价值分配率，便成为使用收益分成法的难点和关键。科技成果经济价值分配应当遵循的总原则是遵章守纪、依法分配原则，积累与分配并重原则，利益兼顾、合理分配原则，投资与收益对等原则。具体来说，在确定分配率时应当遵循以下原则。

1. 生产要素主体地位平等原则

生产要素主体地位平等原则是指生产要素投入创造效益，作为价值分配的主体，其地位是平等的。这也是坚持生产要素科学合理分配收益的前提。

2. 要素贡献与利益分配均衡原则

天然气产业生产要素价值分配要在保证效率的前提下做到公平，没有公平就会挫伤资本要素所有者的积极性，不利于天然气产业链价值创造活动的顺利进行，在价值分配中应遵循生产要素贡献与利益分配均衡的原则。

3. 力求方法简单与可操作性原则

构建经济价值分配模型时，在保证评估指标系统性和完整性的前提下，要尽可能地简洁，尽可能地减少指标数量。根据天然气产业链工程项目业务流程实际，依据经典理论方法、国家和油气行业规范，实现技术级序特征指标统计标准化或规范化，从而较为科学合理地评价天然气产业科技成果的经济价值贡献，为科技成果经济价值评估提供科学、准确、有效的数据。

二、经济价值溯源分配评估模型结构设计

根据生产要素分配理论、科技成果价值分享理论、国内外利润分享法的经验、科技成果经济价值分成的主控因素，以及科技成果经济价值计算模型的构建思路与原则等，建立天然气产业单项科技成果经济价值溯源分配结构模型（图5-1）。

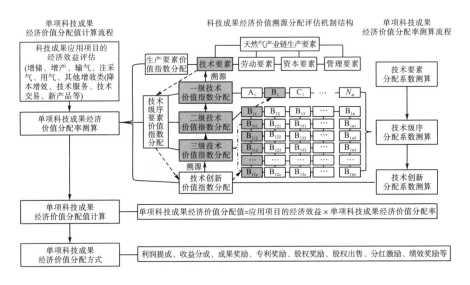

图 5-1　单项科技成果经济价值溯源分配结构模型

按照收益分成法，单项科技成果经济价值分配值计算公式为

单项科技成果经济价值分配值＝应用项目的经济效益

×单项科技成果经济价值分配率 （5-1）

故科技成果经济价值溯源分配评估模型建立的关键是确定科技成果经济价值分配率。

从图 5-1 可以看出，单项科技成果经济价值分配需要 4 个步骤：①科技成果应用项目的经济效益评估，以获得科技成果的分配基数，即科技成果项目的净现值或净利润。②单项科技成果经济价值分配率测算。需要测算 3 个基础参数，一是被评估科技成果所归属的技术要素分配系数测算；二是被评估科技成果所归属的技术级序（一级、二级、三级）分配系数测算；三是被评估科技成果的技术创新部分对效益的贡献，即技术创新分配系数的测算。③单项科技成果经济价值分配值计算。④通过规制性的科技成果经济价值分配制度和方式，最终实现经济价值分享与激励。

三、科技成果经济价值分配率测算模型与流程

（一）科技成果经济价值分配率测算模型

按照分享理论和要素分配原理，对各级技术要素价值指数(价值指数＝功能指数/成本指数)溯源，一是通过柯布-道格拉斯生产函数或生产要素的价值指数，从生产要素(资本、管理、劳动、技术)中溯源技术要素分配系数；二是依据技术谱系和层次分析方法，溯源技术级序分配系数；三是以技术创新指标和层次分析方法，溯源技术创新分配系数，最终确定科技成果经济价值分配率。计算公式为

$$F = YJT \qquad (5\text{-}2)$$

式中，F 表示单项科技成果经济价值分配率；Y 表示技术要素分配系数，即被评估科技成果所归属的技术要素价值指数占生产要素价值指数的比重；J 表示被评估科技成果所归属的技术级序分配系数，

即被评估科技成果各级技术级序价值指数之和；T 表示技术创新分配系数，即被评估科技成果的技术创新价值指数占该项技术价值指数的比重。

(二)科技成果经济价值分配率测算流程

科技成果经济价值分配率测算流程如图 5-2 所示。

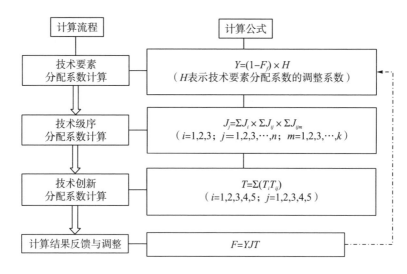

图 5-2　科技成果经济价值分配率测算流程

四、科技成果经济价值分配率参数测算

(一)生产函数导向的科技成果技术要素分配系数测算

有 3 种科技成果技术要素分配系数测算方法。

1. 根据柯布-道格拉斯生产函数测算技术要素分配系数

生产函数法适用于技术要素分配系数测算的理论模型。针对天然气产业链经济效益受资本、劳动、管理和技术要素投入控制，技术要素分配系数可据柯布-道格拉斯生产函数改进模型进行测算。

$$Q=S^{\alpha}Z^{\beta}L^{\theta}G^{\lambda} \tag{5-3}$$

$$\ln Q=\alpha\ln S+\beta\ln Z+\theta\ln L+\lambda\ln G$$

$$1\approx\alpha\ln S/\ln Q+\beta\ln Z/\ln Q+\theta\ln L/\ln Q+\lambda\ln G/\ln Q$$

设：$Y=\alpha\ln S/\ln Q$，$F_Z=\beta\ln Z/\ln Q$，$F_L=\theta\ln L/\ln Q$，$F_G=\lambda\ln G/\ln Q$

$$F_f=F_Z+F_L+F_G$$

$$Y=1-(F_Z+F_L+F_G)=1-F_f \tag{5-4}$$

式中，Q 为效益；S 为技术要素投入量；α 为技术要素分配系数的系数；Z 为资本要素投入量；β 为资本要素分配系数的系数；L 为劳动要素投入量；θ 为劳动要素分配系数的系数；G 为管理要素投入量；λ 为管理要素分配系数的系数；Y 为技术要素分配系数；F_f 为非技术要素分配系数（资本、劳动、管理等要素分配系数之和）；F_Z 为资本要素分配系数；F_L 为劳动要素分配系数；F_G 为管理要素分配系数。

2. 根据功效指数法测算技术要素分配系数

首先对天然气产业链关键业务中的资本要素、劳动要素、管理要素等非技术要素进行功效价值指数测算，然后代入式(5-4)计算技术要素分配系数。

3. 根据行业要素贡献统计方法测算技术要素分配系数

资本、技术和管理要素(劳动要素包含在 3 要素中)对利润的贡献在不同行业中不同。在资金密集型行业中，三者占比分别是 50%、30%、20%；在技术密集型行业中，三者占比分别是 40%、40%、20%；在高科技行业中，三者占比分别是 30%、50%、20%。油气行业是典型的资金密集型与技术密集型行业，近年来天然气产业链应用诸多高新技术，剔除劳动要素因素，油气行业技术要素经济价值分配系数分布区间应为35%～45%。

因科技进步贡献率包含技术要素贡献率和管理要素贡献率，技术要素贡献率~科技贡献率–管理贡献率(20%)。以中国石油科技进步贡献率为例，2016 年为 56%，2025 年预计将达 65%，剔除管理要素贡献率，并考虑高新技术应用水平提高，则技术要素贡献率为 36%～45%。

(二)创新点导向的技术级序分配系数测算

首先，在天然气产业链技术级序谱系中，对科技成果的创新点逐一进行溯源分析，以产业链主体工程业务的层级相关性，溯源科技成果创新点在工程、业务、作业技术谱系中的基础位置，如图 5-3 所示；其次，溯源提取每个创新点上一级序技术要素的价值指数，代入式(5-5)中，计算出技术级序分配系数。

$$J = \sum_{i=1}^{3}\left[J_i \sum_{j=1}^{n}\left(J_{ij}\sum_{m=1}^{k} J_{ijm} \right) \right] \quad (i=1,2,3;\ j=1,2,3,\cdots,n;\ m=1,2,3,\cdots,k) \quad (5\text{-}5)$$

式中，J_i 表示第 i 项一级技术价值指数占一级技术价值指数的比重；$\sum J_{ij}$ 表示第 i 项一级技术的第 j 项二级技术要素价值指数占二级技术价值指数的比重；$\sum J_{ijm}$ 表示第 i 项一级技术的第 j 项二级技术的第 m 项三级技术价值指数占三级技术价值指数的比重。

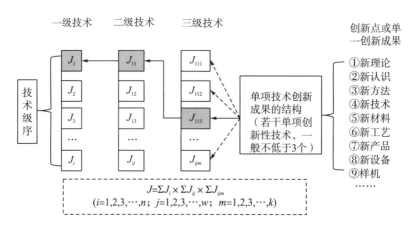

图 5-3　以创新点为导向的技术级序功能价值溯源分配机制图

(三)创新质量导向的技术创新分配系数测算

《国务院办公厅关于完善科技成果评价机制的指导意见》(国办发〔2021〕26号)要求,坚持科技创新质量、绩效、贡献为核心的评价导向。应用研究成果以行业用户和社会评价为主,注重高质量知识产权产出,把新技术、新材料、新工艺、新产品、新设备、样机等作为主要评价指标。

油气行业主要采用的科学技术成果评价专家打分表(表 5-1),与科技部要求的评估指标基本一致。

表 5-1　科学技术成果评价专家打分表(技术开发类应用技术成果)

项目名称		总分(ΣA_i)		
评价指标	评价指标含义	评价等级	评价分数	
A_1技术创新程度	在技术开发中解决关键技术难题并取得技术突破,掌握核心技术并进行集成创新的程度,自主创新技术在总体技术中的比重	有重大突破或创新,且完全自主创新	90～100	
		有明显突破或创新,多项技术自主创新	60～<90	
		创新程度一般,单项技术有创新	<60	
A_2技术经济指标的先进程度	与国内外最先进技术相比其总体技术、主要技术(性能、性状、工艺参数等)、经济(投入产出比、性能价格比、成本、规模等)、环境、生态等指标所处的水平	达到同类技术领先水平	90～100	
		达到同类技术先进水平	60～<90	
		接近同类技术先进水平	<60	
A_3技术难度和复杂程度	技术实现对理论、模型、算法及其他技术的依赖程度,以及与现有技术相比的超越程度	在自创的理论、模型等支撑下得以实现	90～100	
		引入跨领域的技术得以实现	60～<90	
		在现有技术基础上的改进	<60	
A_4技术重现性和成熟度	技术已经形成生产能力或达到实际应用的程度,包括技术的稳定性、可靠性等	已实现规模化生产,成果的转化程度高	90～100	
		已实际生产,成果的转化程度较高	60～<90	
		技术基本成熟完备	<60	

项目名称		总分（ΣA_i）		
A_5 技术创新对推动科技进步和提高市场竞争能力的作用	自主研发的关键技术对解决行业、区域发展的重点、难点和关键问题，推动产业结构调整和优化升级，提高企业和相关行业竞争能力，实现行业技术跨越和技术进步的作用和在市场竞争中发挥作用的情况	显著促进行业科技进步，市场需求度高，具有国际市场竞争优势	90～100	
		推动行业科技进步作用明显，市场需求度高，具有国内市场竞争优势	60～<90	
		对行业推动作用一般，有一定市场需求与竞争能力	<60	
A_6 经济或社会效益	直接经济效益和间接经济效益，包括主要完成单位已经通过技术转让、增收节支、提高效益、降低成本获得的新增利润及他人使用该项技术而产生的经济效益	经济效益显著	90～100	
		经济效益明显	60～<90	
		经济效益一般	<60	
评价总分数				

专家签字：　　　年　　月　　日

科技成果的创新创效功能价值指数，与技术创新、技术先进性、技术成熟水平等子技术指标密切相关。表 5-1 中前 5 项指标已较为全面地体现了科技成果的技术创新分配系数。有两种计算方法。

第一种方法，已经由科技管理部门组织评审专家对科技成果做出技术指标评价，根据科技成果类型，按照表 5-1 的最终得分，剔除相应的效益指标后，代入式（5-6）计算。

$$技术创新分配系数 = (A_1 + A_2 + A_3 + A_4 + A_5)/5 \qquad (5\text{-}6)$$

第二种方法，根据科技成果类型，依据表 5-1，剔除相应的效益指标后，进行技术创新指标分析，按照层次分析和归一化处理后得到技术创新价值指数（表 5-2）。根据具体科技成果的创新指标，在表 5-2 提取价值指数，然后代入式（5-7）计算单项科技成果的技术创新分配系数。科技成果的技术创新分配系数越大，科技成果经济价值分配值越大。

$$T = \Sigma(T_i T_{ij}) \qquad (i=1、2、3、4、5；j=1、2、3) \qquad (5\text{-}7)$$

式中，T 表示单项科技成果的技术创新分配系数，即单项技术创新价值指数占该单项技术价值指数的比重。

表 5-2　科技成果创新要素价值指数表

技术创新评价指标 T_i(%)和含义		评价指标等级 T_{ij} 与等级分数	
T_1 技术创新程度 (T_1 = 35)	在技术开发中解决关键技术难题并取得技术突破,掌握核心技术并进行集成创新的程度,自主创新技术在总体技术中的比重	T_{11} 有重大突破或创新,且完全自主创新	90～100
		T_{12} 有明显突破或创新,多项技术自主创新	60～<90
		T_{13} 创新程度一般,单项技术有创新	<60
T_2 技术经济指标的先进程度 (T_2 = 25)	与国内外最先进技术相比其总体技术、主要技术(性能、性状、工艺参数等)、经济(投入产出比、性能价格比、成本、规模等)、环境、生态等指标所处的水平	T_{21} 达到同类技术领先水平	90～100
		T_{22} 达到同类技术先进水平	60～<90
		T_{23} 接近同类技术先进水平	<60
T_3 技术难度和复杂程度 (T_3=15)	技术实现对理论、模型、算法及其他技术的依赖程度,以及与现有技术相比的超越程度	T_{31} 在自创的理论、模型等支撑下得以实现	90～100
		T_{32} 引入跨领域的技术得以实现	60～<90
		T_{33} 在现有技术基础上的改进	<60
T_4 技术重现性和成熟度 (T_4=15)	技术已经形成生产能力或达到实际应用的程度,包括技术的稳定性、可靠性等	T_{41} 已实现规模化生产,成果的转化程度高	90～100
		T_{42} 已实际生产,成果的转化程度较高	60～<90
		T_{43} 技术基本成熟完备	<60
T_5 技术创新对推动科技进步和提高市场竞争能力的作用(T_5=10)	自主研发的关键技术对解决行业、区域发展的重点、难点和关键问题,推动产业结构调整和优化升级,提高企业和相关行业竞争能力,实现行业技术跨越和技术进步的作用和在市场竞争中发挥作用的情况	T_{51} 显著促进行业科技进步,市场需求度高,具有国际市场竞争优势	90～100
		T_{52} 推动行业科技进步作用明显,市场需求度高,具有国内市场竞争优势	60～<90
		T_{53} 对行业推动作用一般,有一定市场需求与竞争能力	<60

第三节　天然气产业链科技成果经济价值
分配率测算模型

一、增储类科技成果经济价值分配率测算模型

(一)增储类科技成果经济价值分配率测算模型设计

1. 增储类科技成果经济价值分配率测算模型结构

根据经济价值分配评估模型设计思路与原则,溯源分配机制模型结构、计算模型与流程,结合天然气勘探技术谱系和价值指数表,建

立单项增储类科技成果经济价值分配率测算模型(图 5-4)。

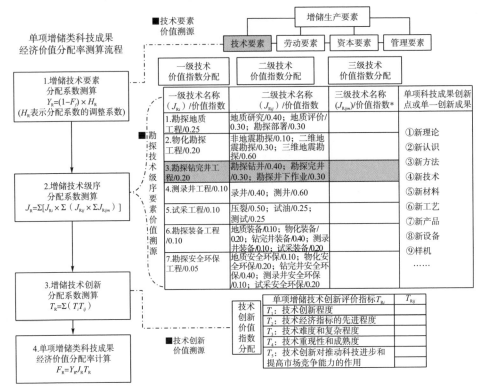

图 5-4　单项增储类科技成果经济价值分配率测算模型结构图

*因版面限制,各三级技术名称及价值指数见表 3-1。

2. 增储类科技成果经济价值分配率测算公式

根据式(5-2),单项增储类科技成果经济价值分配率(F_R):

$$F_R = Y_R J_R T_R \tag{5-8}$$

式中,F_R 表示单项增储类科技成果经济价值分配率;Y_R 表示增储技术要素分配系数,即增储技术要素价值指数占增储生产要素价值指数的比重;J_R 表示增储技术级序分配系数,即增储技术的关联技术级序价值指数之和;T_R 表示单项增储技术创新分配系数,即单项增储技术创新价值指数占该技术价值指数的比重。

(二)增储类科技成果经济价值分配率测算参数确定

1. 增储技术要素分配系数(Y_R)

1)表格取值法

根据柯布-道格拉斯生产函数理论,应用功能价值指数法,由天然气开发技术经济与管理专家对常规和非常规气藏的功能指数进行赋权,结果见表 5-3。值得指出的是,当以气藏核心要素计算非技术要素分配系数 F_f 的时候,已经包含了气藏特征指标,且勘探阶段早中晚划分的难度较大,故技术要素分配系数的调整系数仅考虑开发阶段,暂不考虑勘探阶段。

表 5-3　增储技术要素分配系数建议表

气藏类型	技术要素分配系数
常规气藏	0.40～0.45
非常规气藏	0.45～0.50

2)以气藏非技术要素指标价值指数确定

以气藏核心要素的子要素结构来表征资本、劳动、管理要素的分配率变化,根据《石油天然气储量估算规范》(DZ/T 0217—2020),赋权形成表 5-4。根据式(5-4)可得

$$Y_R = [1-(F_Z + F_L + F_G)]H = (1 - F_f)H_R \qquad (5-9)$$

根据具体增储或增产项目气藏评价指标,在表 5-4 中提取非技术要素(F_f)指标价值指数,代入式(5-9)计算技术要素分配系数。

表 5-4　气藏评价指标与和非技术要素(F_f)指标价值指数及权重表

气藏评价指标(S_i)	非技术要素指标价值指数及权重/%			
1. 天然气储量规模(S_{Zg})	特大型/20	大型/17	中型/14	小型/11
天然气可采储量/$10^8 m^3$	≥2500	250～<2500	25～<250	2.5～<25
2. 天然气储层物性(S_{Lw})	特高/17	高/14	中/11	低/8
（1）储层孔隙度	特高	高	中	低
碎屑岩孔隙度/%	≥30	25～<30	15～<25	10～<15
非碎屑岩基质孔隙度/%	≥15	10～<15	5～<10	2～<5
（2）储层渗透率	特高	高	中	低
油气藏空气渗透率/mD	≥1000	500～<1000	50～<500	5～<50
气藏空气渗透率/mD	≥500	100～<500	10～<100	1～<10
3. 天然气品质类型(S_{Lp})	高或中/14	较低/11	低/8	特低/6
含硫量	不含/微含硫	低含硫	中含硫	高含硫
天然气硫化氢含量/(g/m^3)	<0.02	0.02～<5	5～<30	≥30
4. 气产层埋深(S_{Lm})	中浅层/11	中深层/8	深层/6	超深层/4
气藏中部埋藏深度/m	500～<2000	2000～<3500	3500～<4500	≥4500
5. 天然气储量丰度(S_{Zf})	高/8	中/6	低/4	特低/1
天然气可采储量丰度/$(10^8 m^3/km^2)$	≥8	2.5～<8	0.8～<2.5	<0.8
6. 天然气开发产能(S_{Zn})	高/5	中/4	低/2	特低/0
气藏千米井深稳定产量/$[10^4 m^3/(km·d)]$	≥10	3～<10	0.3～<3	<0.3
综合评价	Ⅰ/75	Ⅱ/60	Ⅲ/45	Ⅳ/30

2. 增储技术级序分配系数(J_R)

勘探实践表明，增储是勘探生产要素投入产出的结果。尽管勘探作业过程中各技术级序应用的程度和频度有差异，但勘探技术级序均参加了增储作业，其增储贡献由其功能价值系数表征。根据单项增储类科技成果创新点结构与数量情况，由评估专家针对每一个创新点，在表 3-1 中溯源其三级、二级、一级技术并提取其相应的价值指数。

根据式(5-5)，得到增储技术级序分配系数计算公式：

$$J_R = \Sigma \left[J_{Ri} \times \Sigma (J_{Rij} \times \Sigma J_{Rijm}) \right] \qquad (5\text{-}10)$$

式中，J_R 表示增储技术级序分配系数，即增储技术的关联技术级序价值指数之和；J_{Ri} 表示第 i 项一级增储技术价值指数占一级技术价值指数的比重；ΣJ_{Rij} 表示第 i 项一级增储技术的第 j 项二级技术价值指数占二级增储技术价值指数的比重；ΣJ_{Rijm} 表示第 i 项一级增储技术要素的第 j 项二级技术的第 m 项三级增储技术价值指数占三级增储技术价值指数的比重。

3. 单项增储技术创新分配系数(T_R)

根据式(5-7)，得到单项增储技术创新分配系数计算公式：

$$T_R = \Sigma (T_{Ri} T_{Rij}) \quad (i=1,2,3,4,5；j=1,2,3) \qquad (5\text{-}11)$$

式中，T_R 表示单项增储技术创新分配系数，即单项增储技术创新价值指数占该项技术价值指数的比重。

二、增产类科技成果经济价值分配率测算模型

(一)增产类科技成果经济价值分配率测算模型设计

1. 增产类科技成果经济价值分配率测算模型结构

根据经济价值分配评估模型设计思路与原则，分配机制模型结构、计算模型与流程，结合天然气开发技术谱系和价值指数表，建立单项增产类科技成果经济价值分配率测算模型(图 5-5)。

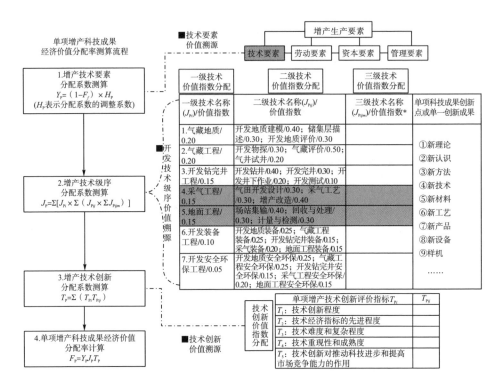

图 5-5　单项增产类科技成果经济价值分配率测算模型结构图

* 因版面限制，各三级技术名称及价值指数见表 3-2。

2. 增产类科技成果净现值分配率测算公式

根据式(5-2)，单项增产类科技成果经济价值分配率(F_P)：

$$F_P = Y_P J_P T_P \qquad (5\text{-}12)$$

式中，F_P 表示单项增产类科技成果经济价值分配率；Y_P 表示增产技术要素分配系数，即增产技术要素价值指数占增产生产要素价值指数的比重；J_P 表示增产技术级序分配系数，即增产技术的关联技术级序价值指数之和；T_P 表示单项增产技术创新分配系数，即增产技术创新价值指数占该项技术价值指数的比重。

(二)增产类科技成果经济价值分配率测算参数确定

1. 增产技术要素分配系数(Y_p)

增产技术要素分配系数(Y_p)的确定，与增储技术要素分配系数的确定方法相同，可采用表格取值法或以气藏非技术要素指标价值指数确定。

不同的气藏类型其开发阶段的技术要素创效具有较大差别，总体而言，增产技术要素创效贡献呈"U"形分布，也就是在早期创效高，中期较低，后期提升，这也反映了开发业务的特点。但常规气藏与非常规气藏的创效贡献有区别，例如，对页岩气勘探阶段的贡献，早期阶段的贡献更大，故应酌情调整，如表 5-5、表 5-6 所示。据式(5-4)可得

$$Y_p = (1 - F_f) H_p \tag{5-13}$$

式中，Y_p 表示增产技术要素分配系数；F_f 表示增产非技术要素分配系数(资本、劳动、管理等要素分配系数之和)；H_p 表示不同气藏开发阶段技术要素分配系数的调整系数。

表 5-5　增产技术要素分配系数建议表

应用领域	常规气藏	高含硫气藏	页岩气藏	致密气藏
新区开发	0.30	0.40	0.45	0.45
老区开发	0.30	0.35	0.35	0.35

表 5-6　不同气藏开发阶段技术要素分配系数的调整系数(H_p)参考表

类型	常规气藏			非常规气藏		
开发阶段	早	中	晚	早	中	晚
H_p	1.0	0.9	1.0	1.0	0.9	0.8

2. 增产技术级序分配系数(J_P)

在天然气增产过程中，应用增产技术级序资源存在两种情况，具体增产技术级序分配系数(J_P)计算如下。

1) 多专业技术协同参与增产活动，与增储技术级序分配系数测算方法相同

根据式(5-5)，形成增产技术级序分配系数的计算公式：

$$J_P = \Sigma\left[J_{Pi} \times \Sigma(J_{Pij} \times \Sigma J_{Pijm})\right] \tag{5-14}$$

式中，J_P 表示增产技术级序分配系数，即增产技术的关联技术级序价值指数之和；J_{Pi} 表示第 i 项一级增产技术价值指数占一级技术价值指数的比重；ΣJ_{Pij} 表示第 i 项一级增产技术的第 j 项二级技术价值指数占二级增产技术价值指数的比重；ΣJ_{Pijm} 表示第 i 项一级增产技术要素的第 j 项二级技术的第 m 项三级增产技术价值指数占三级增产技术价值指数的比重。

如果是多专业技术协同参与增产活动，如应用新知识、新工艺、新技术在新区、老区发现新产层等增产活动，根据单项增产科技成果创新点结构与数量情况，由评估专家针对每一个创新点，在表 3-2 中溯源其三级、二级、一级技术并提取其价值指数，然后代入式(5-14)计算 J_P。

2) 单项技术主导参与增产活动，技术级序分配系数等于 1

如果是单项技术主导参与增产活动，就不涉及其他技术级序，其他各级序要素的分配系数等于 0，根据式(5-14)可得

$$J_P = \Sigma J_{Pi} = \Sigma J_{Pij} = \Sigma J_{Pijm} = 1 \tag{5-15}$$

故单项技术主导参与增产活动的增产技术级序分配系数等于 1。

3. 单项增产技术创新分配系数(T_P)

根据式(5-7)，可得单项增产技术创新分配系数的计算公式：

$$T_P=\Sigma(T_{Pi}T_{Pij})\quad(i=1、2、3、4、5;\ j=1、2、3)\qquad(5\text{-}16)$$

式中，T_P 表示单项增产技术创新分配系数，即单项增产技术创新价值指数占该项技术价值指数的比重。

三、输气类科技成果经济价值分配率测算模型

(一)输气类科技成果经济价值分配率测算模型设计

1. 输气类科技成果经济价值分配率测算模型结构

根据经济价值分配评估模型设计思路与原则,分配机制模型结构、计算模型与流程，结合天然气管输技术谱系和价值指数表，建立单项输气类科技成果经济价值分配率测算模型(图 5-6)。

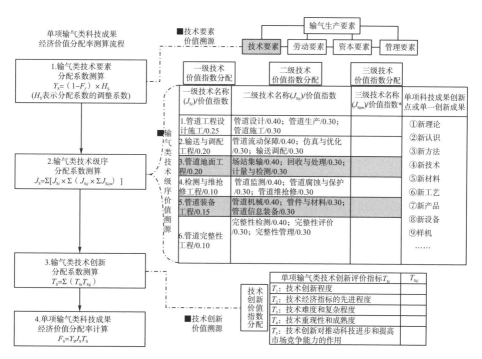

图 5-6　单项输气类科技成果经济价值分配率测算模型结构图

*因版面限制,各三级技术名称及价值指数见表 3-3。

2. 输气类科技成果净现值分配率测算公式

根据式(5-2)，单项输气类科技成果经济价值分配率(F_S)：

$$F_S = Y_S J_S T_S \tag{5-17}$$

式中，F_S 表示单项输气类科技成果经济价值分配率；Y_S 表示输气技术要素分配系数，即输气技术要素价值指数占输气类生产要素价值指数的比重；J_S 表示输气技术级序分配系数，即输气技术的关联技术级序价值指数之和；T_S 表示单项输气技术创新分配系数，即输气技术创新价值指数占该项技术价值指数的比重。

(二)输气类科技成果经济价值分配率测算参数确定

1. 输气技术要素分配系数(Y_S)

输气技术要素分配系数(Y_S)，可采用表格取值法确定。对于不同管道类型和运行阶段，输气技术要素创效具有较大差别。总体而言，输气技术要素创效贡献呈早期创效高，中期较低，后期更低，这也反映了管输业务的特点。但输气技术要素对干线管道与支线管道的创效贡献有区别，例如，输气技术要素对干线管道创效贡献更大，故应酌情调整，如表5-7、表5-8所示。据式(5-4)可得

$$Y_S = (1 - F_f) H_S \tag{5-18}$$

式中，Y_S 表示输气技术要素分配系数；F_f 表示输气类非技术要素分配系数(资本、劳动、管理等要素分配系数之和)；H_S 表示管道运行不同阶段技术要素分配系数的调整系数。

表 5-7　输气技术要素分配系数(Y_S)参考值

管道类型	技术要素分配系数
干线管道	0.35
支线管道	0.30

表 5-8　不同管输阶段技术要素分配系数的调整系数(H_S)参考表

管道运行阶段	早	中	晚
H_S	1.0	0.9	0.8

2. 输气技术级序分配系数(J_S)

在增加输气量过程中，应用输气技术级序资源也存在两种情况，具体输气技术级序分配系数(J_S)计算如下。

1）多专业技术协同参与输气活动，与增储技术级序分配系数的测算方法相同

根据式(5-5)，得到输气技术级序分配系数的计算公式：

$$J_S = \Sigma\left[J_{Si} \times \Sigma(J_{Sij} \times \Sigma J_{Sijm})\right] \qquad (5\text{-}19)$$

式中，J_S 表示输气技术级序分配系数，即输气技术的关联技术级序价值指数之和；J_{Si} 表示第 i 项一级输气技术价值指数占一级技术价值指数的比重；ΣJ_{Sij} 表示第 i 项一级输气技术的第 j 项二级技术价值指数占二级输气技术价值指数的比重；ΣJ_{Sijm} 表示第 i 项一级输气技术要素的第 j 项二级技术的第 m 项三级输气技术价值指数占三级输气技术价值指数的比重。

如果是多专业技术协同参与输气活动，如应用新知识、新工艺、新技术新建干线管道、支线管道等输气类活动，根据单项输气类科技成果创新点结构与数量情况，由管输工程技术和经济管理评估专家针对每一个创新点，在表 3-3 中溯源其三级、二级、一级技术并提取其价值指数，然后代入式(5-19)计算 J_S。

2）输气技术级序中仅单项技术主导参与输气活动，技术级序分配系数等于 1

如果是单项技术主导参与输气活动，就不涉及其他技术级序，其他各级序要素的分配系数等于 0，根据(5-19)可得

$$J_S = \Sigma J_{Si} = \Sigma J_{Sij} = \Sigma J_{Sijm} = 1 \qquad (5\text{-}20)$$

故单项技术主导参与输气活动的输气技术级序分配系数等于 1。

3. 单项输气技术创新分配系数(T_S)

根据式(5-7)，得到单项输气技术创新分配系数的计算公式：

$$T_S = \Sigma(T_{Si}T_{Sij}) \quad (i=1、2、3、4、5; \ j=1、2、3) \qquad (5\text{-}21)$$

式中，T_S 表示单项输气技术创新分配系数，即单项输气技术创新价值指数占该项技术价值指数的比重。

四、储气类科技成果经济价值分配率测算模型

(一)储气类科技成果经济价值分配率测算模型设计

1. 储气类科技成果经济价值分配率测算模型结构

根据经济价值分配评估模型设计思路与原则,分配机制模型结构、计算模型与流程，结合储气库技术谱系和价值指数表，建立单项储气类科技成果经济价值分配率测算模型(图 5-7)。

2. 储气类科技成果净现值分配率测算公式

根据式(5-2)，单项储气类科技成果经济价值分配率(F_Z)：

$$F_Z = Y_Z J_Z T_Z \qquad (5\text{-}22)$$

式中，F_Z 表示单项储气类科技成果经济价值分配率；Y_Z 表示储气技术要素分配系数，即储气技术要素价值指数占储气类生产要素价值指数的比重；J_Z 表示储气技术级序分配系数，即储气技术的关联技术级序价值指数之和；T_Z 表示单项储气技术创新分配系数，即储气技术创新价值指数占该项技术价值指数的比重。

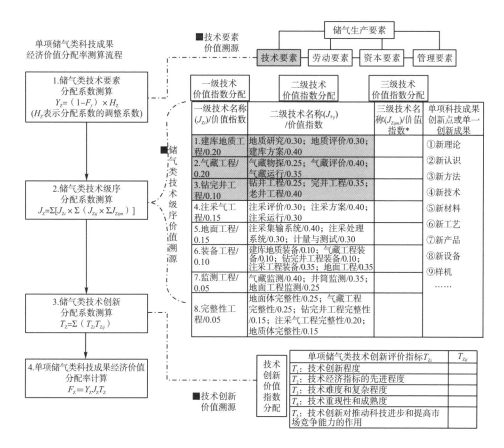

图 5-7　单项储气类科技成果经济价值分配率测算模型结构图

*因版面限制，各三级技术名称及价值指数见表 3-5。

(二)储气类科技成果经济价值分配率测算参数确定

1. 储气技术要素分配系数(Y_Z)

储气技术要素分配系数(Y_Z)，可采用表格取值法确定。对于不同储气库类型和运行阶段，储气技术要素创效具有较大差别。总体而言，储气技术要素创效贡献呈早期创效高，中期较低，后期更低，这反映了储气库注采气业务的特点。但储气技术要素对枯竭气藏型储气库与盐穴型储气库的创效贡献有区别，例如，对枯竭气藏型储气库创效贡献更大，故应酌情调整，如表 5-9、表 5-10 所示。据式(5-4)可得

$$Y_Z = (1 - F_f)H_Z \tag{5-23}$$

式中，Y_Z 表示储气技术要素分配系数；F_f 表示储气类非技术要素分配系数(资本、劳动、管理等要素分配系数之和)；H_Z 表示储气库不同运行阶段技术要素分配系数的调整系数。

表 5-9　储气技术要素分配系数(Y_Z)参考值

储气库类型	技术要素分配系数
枯竭气藏型储气库	0.40
盐穴型储气库	0.30

表 5-10　储气库不同运行阶段技术要素分配系数的调整系数(H_Z)参考表

储气库运行阶段	早	中	晚
H_Z	1.0	0.9	0.8

2. 储气技术级序分配系数(J_Z)

在增加注采气量过程中，应用储气技术级序资源也存在两种情况，具体储气技术级序分配系数(J_Z)计算如下。

1)多专业技术协同参与储气活动，与增储技术级序分配系数的测算方法相同

根据式(5-5)，得到储气技术级序分配系数的计算公式：

$$J_Z = \Sigma\left[J_{Zi} \times \Sigma(J_{Zij} \times \Sigma J_{Zijm})\right] \tag{5-24}$$

式中，J_Z 表示储气技术级序分配系数，即储气技术的关联技术级序价值指数之和；J_{Zi} 表示第 i 项一级储气技术价值指数占一级技术价值指数的比重；ΣJ_{Zij} 表示第 i 项一级储气技术的第 j 项二级技术价值指数占二级储气技术价值指数的比重；ΣJ_{Zijm} 表示第 i 项一级储气技术的第 j 项二级技术的第 m 项三级储气技术价值指数占三级储气技术价值指数的比重。

如果是多专业技术协同参与储气活动，则根据单项储气类科技成果创新点结构与数量情况，由储运工程技术和经济管理评估专家针对每一个创新点，在表 3-5 中溯源其三级、二级、一级技术并提取其价值指数，然后代入式(5-24)计算 J_Z。

2) 储气技术级序中仅单项技术主导参与储气活动，技术级序分配系数等于 1

如果是单项技术主导参与储气活动，就不涉及其他技术级序，其他各级序要素的分配系数等于 0，根据式(5-24)可得

$$J_Z = \Sigma J_{Zi} = \Sigma J_{Zij} = \Sigma J_{Zijm} = 1 \qquad (5\text{-}25)$$

故单项技术主导参与储气活动的储气技术级序分配系数等于 1。

3. 储气技术创新分配系数(T_Z)

根据式(5-7)，得到单项储气技术创新分配系数的计算公式：

$$T_Z = \Sigma(T_{Zi}T_{Zij}) \quad (i=1、2、3、4、5；j=1、2、3) \qquad (5\text{-}26)$$

式中，T_Z 表示单项储气技术创新分配系数，即单项储气技术创新价值指数占该项技术价值指数的比重。

五、用气类科技成果经济价值分配率测算模型

(一)用气类科技成果经济价值分配率测算模型设计

1. 用气类科技成果经济价值分配率测算模型结构

根据经济价值分配评估模型设计思路与原则，分配机制模型结构、计算模型与流程，结合天然气用气类技术谱系和价值指数表，建立单项用气类科技成果经济价值分配率测算模型(图 5-8)。

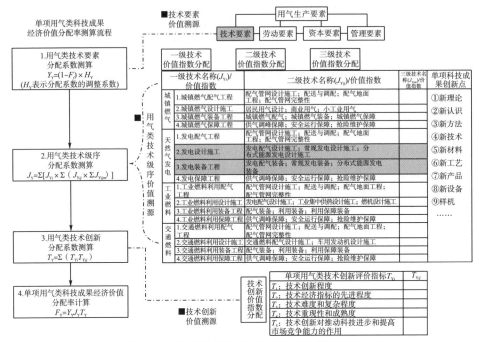

图 5-8　单项用气类科技成果经济价值分配率测算模型结构图

注：因版面限制，一级、二级、三级技术名称及价值指数详见表 3-6～表 3-9。

2. 用气类科技成果净现值分配率测算公式

根据式(5-2)，单项用气类科技成果经济价值分配率(F_Y)：

$$F_Y = Y_Y J_Y T_Y \tag{5-27}$$

式中，F_Y 表示单项用气类科技成果经济价值分配率；Y_Y 表示用气技术要素分配系数，即用气技术要素价值指数占用气生产要素价值指数的比重；J_Y 表示用气技术级序分配系数，即用气技术的关联技术级序价值指数之和；T_Y 表示单项用气技术创新分配系数，即用气技术创新价值指数占该项技术价值指数的比重。

(二)用气类科技成果经济价值分配率测算参数确定

1. 用气技术要素分配系数(Y_Y)

用气技术要素分配系数(Y_Y)，可采用表格取值法确定。对于不同用户类型和运行阶段，用气技术要素创效具有较大差别。总体而言，用气技术要素创效贡献呈城镇燃气、天然气发电、交通燃料、工业燃料逐渐递增，这反映了天然气利用业务的特点。但用气技术要素对相同用户不同运行阶段的创效贡献有区别，情况较为复杂，故应酌情调整，如表 5-11、表 5-12 所示。据式(5-4)可得

$$Y_{\mathrm{Y}} = (1 - F_f)H_{\mathrm{Y}} \qquad (5\text{-}28)$$

式中，Y_{Y} 表示用气技术要素分配系数；F_f 表示用气类非技术要素分配系数(资本、劳动、管理等要素分配系数之和)；H_{Y} 表示不同用气类型不同运行阶段技术要素分配系数的调整系数。

表 5-11　用气技术要素分配系数(Y_{Y})参考值

利用类型	技术要素分配系数
城镇燃气	0.25
天然气发电	0.30
交通燃料	0.30
工业燃料	0.25

表 5-12　不同运行阶段技术要素分配系数的调整系数(H_{Y})参考表

天然气利用运行阶段	早	中	晚
H_{Y}	1.0	0.9	0.8

2. 用气技术级序分配系数(J_{Y})

在增加用气量过程中，应用用气技术级序资源也存在两种情况，具体用气技术级序分配系数(J_{Y})计算如下。

1)多专业技术协同参与用气类活动，与增储技术级序分配系数的测算方法相同

根据式(5-5)，得到用气技术级序分配系数的计算公式：

$$J_{Y}=\Sigma\left[J_{Yi}\times\Sigma(J_{Yij}\times\Sigma J_{Yijm})\right] \tag{5-29}$$

式中，J_Y 表示用气技术级序分配系数，即用气技术的关联技术级序价值指数之和；J_{Yi} 表示第 i 项一级用气技术价值指数占一级技术价值指数的比重；ΣJ_{Yij} 表示第 i 项一级用气技术的第 j 项二级技术价值指数占二级用气技术价值指数的比重；ΣJ_{Yijm} 表示第 i 项一级用气技术要素的第 j 项二级技术的第 m 项三级用气技术价值指数占三级用气技术价值指数的比重。

如果是多专业技术协同参与用气类活动，如将新知识、新工艺、新技术应用于新建城镇燃气、天然气发电、交通燃料、工业燃料等用气类活动，则根据单项用气类科技成果创新点结构与数量情况，由天然气利用工程技术和经济管理评估专家针对每一个创新点，在表3-6～表3-9 中溯源其三级、二级、一级技术并提取其价值指数，然后代入式(5-29)计算 J_Y。

2)用气技术级序中仅单项技术主导参与用气类活动，技术级序分配系数等于 1

如果是单项技术主导参与用气类活动，就不涉及其他技术级序，其他各级序要素的分配系数等于 0，根据式(5-29)可得

$$J_{Y} = \Sigma J_{Yi} = \Sigma J_{Yij} = \Sigma J_{Yijm} = 1 \tag{5-30}$$

故单项技术主导参与用气类活动的用气技术级序分配系数等于 1。

3. 单项用气技术创新分配系数(T_Y)

根据式(5-7)，得到单项用气技术创新分配系数的计算公式：

$$T_{Y} = \Sigma(T_{Yi}T_{Yij}) \quad (i=1、2、3、4、5；j=1、2、3) \tag{5-31}$$

式中，T_Y 表示单项用气技术创新分配系数，即单项用气技术创新价值指数占该项技术价值指数的比重。

第四节　天然气产业链其他增效类科技成果经济价值分配率测算模型

一、其他增效类科技成果经济价值分配率测算模型设计

(一)其他增效类科技成果经济价值分配率测算模型结构

根据经济价值分配评估模型设计思路与原则,分配机制模型结构、计算模型与流程,结合天然气产业链勘探、开发、长输管道、储气库、利用技术谱系及其价值指数表,建立单项其他增效类(降本增效、技术服务、新产品类、技术交易等)科技成果经济价值分配率测算模型(图 5-9)。

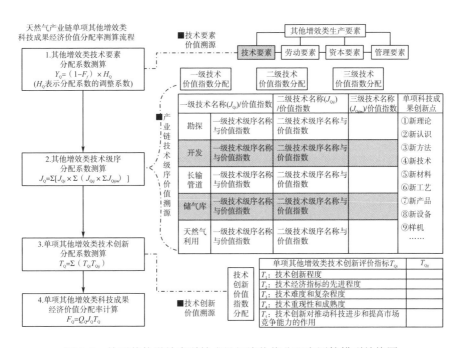

图 5-9　单项其他增效类科技成果经济价值分配率测算模型结构图

(二)其他增效类科技成果净现值分配率测算公式

根据式(5-2),单项其他增效类科技成果经济价值分配率(F_Q):

$$F_Q = Y_Q J_Q T_Q \tag{5-32}$$

式中,F_Q 表示单项其他增效类科技成果经济价值分配率;Y_Q 表示其他增效类技术要素分配系数,即其他增效类技术要素价值指数占其他增效类生产要素价值指数的比重;J_Q 表示其他增效类技术级序分配系数;T_Q 表示单项其他增效类技术创新分配系数,即其他增效类技术创新价值指数占该项技术价值指数的比重。

二、其他增效类科技成果经济价值分配率测算参数确定

(一)其他增效类技术要素分配系数(Y_Q)

根据其他增效类科技成果经济价值类型的特点,无论何种效益类型都是生产要素协同作用的结果。其他增效类科技成果经济价值的大小主要受控于科技成果应用后实现提质增效的大小,与自然资源禀赋和油气藏特征关联度不高。因而,对其他增效类科技成果经济价值的贡献,非技术要素(技术、劳动、资本)的贡献比增储增产技术要素的贡献更小,或者说在其他增效类科技成果经济价值中,技术要素分配系数比增储增产收益的技术分成基数更大。

勘探开发技术要素增储增产分配系数为 30%~50%。而其他增效类科技成果经济价值的大小与自然资源禀赋和油气藏特征关联度不高,分配系数较大,应大于 50%。依据《实施〈中华人民共和国促进科技成果转化法〉若干规定》(国发〔2016〕16 号)、《国有科技型企业股权和分红激励暂行办法》(财资〔2016〕4 号),技术权益主要为 50%~70%。综上,其他增效类技术要素分配系数取值参考见表 5-13。

因此，其他增效类技术要素分配系数(Y_Q)，可采用表格取值法确定。

表 5-13　其他增效类技术要素分配系数取值参考

序号	效益类型		技术要素分配系数/%
1	降本增效		50
2	技术服务		60
3	技术交易		70
4	新产品类	新产品	70
		换代产品	60
		替代进口产品	70

(二)其他增效类技术级序分配系数(J_Q)

根据式(5-5)，得到其他增效类技术级序分配系数的计算公式：

$$J_Q = \Sigma\left[J_{Qi} \times \Sigma(J_{Qij} \times \Sigma J_{Qijm}) \right] \tag{5-33}$$

式中，J_Q 表示其他增效类技术要素分配系数。

在其他增效类价值实现过程中，应用其他增效类技术级序资源也仅存在两种情况，主要是第二种情况。其他增效类技术级序分配系数(J_Q)计算如下。

1. 多专业技术协同参与其他增效类活动，与增储技术级序分配系数的测算方法相同

如果是多专业技术协同参与其他增效类价值实现活动，如应用勘探、开发、长输管道、储气库、天然气利用等环节的新知识、新工艺、新技术进行其他增效类活动，根据单项其他增效类科技成果创新点结构与数量情况，由评估专家针对每一个创新点，在表 3-1～表 3-3、表 3-5～表 3-9 中溯源部分要素涉及的三级、二级、一级技术，并提取其价值指数，然后代入式(5-33)计算其他增效类技术级序分配系数。

2. 其他增效类技术级序中仅单项技术主导参与其他增效类活动，技术级序分配系数等于 1

如果是单项技术主导参与其他增效类活动，就不涉及其他技术级序，其他各级序要素的分配系数等于 0，根据式（5-33）可得

$$J_Q = \Sigma J_{Qi} = \Sigma J_{Qij} = \Sigma J_{Qijm} = 1 \tag{5-34}$$

故单项技术主导参与其他增效类活动的技术级序分配系数等于 1。

（三）其他增效类技术创新分配系数（T_Q）

根据式（5-7），得到单项其他增效类技术创新分配系数的计算公式：

$$T_Q = \Sigma (T_{Qi} T_{Qij}) \quad (i = 1、2、3、4、5；\ j = 1、2、3) \tag{5-35}$$

式中，T_Q 表示单项其他增效类技术创新分配系数，即单项其他增效类技术创新价值指数占该项技术价值指数的比重。

第五节　天然气产业科技创新成果社会价值溯源评估模型

一、天然气利用的社会价值评估

广泛使用天然气对保护生态环境，改善大气状况，提高公众生活质量和健康水平，实现可持续发展具有重要作用。天然气覆盖面的扩大和天然气普及率的提高，使越来越多的人民群众能共享天然气的清洁性，生活质量得到提高，对经济社会可持续发展将发挥重要作用。天然气利用的社会价值即指天然气利用对社会各方面发展所起的作用和影响，本节从以下三方面探讨。

(一)天然气利用的生态环境价值

天然气作为一种清洁、高效的能源,其推广使用提高了居民生活用能的安全性和环保效果,大大提高了室内外大气环境质量。在习近平生态文明思想指导下,天然气能源利用效率不断提高,显著减排,清洁环保,二氧化碳减排近半,基本不排放二氧化硫。"十四五"期间,随着天然气资源开发利用加快,天然气占一次能源消费的比例将提高,可有效降低污染物和二氧化碳排放强度。因此,推广使用天然气可以改善大气环境,提高居民的生活质量。

1. 天然气利用减排指标参数

天然气利用是一项环保工程,工程的实施将改变城市的燃料结构,可降低 SO_2、CO_2、NO_x 和粉尘的排放量,从而减少大气污染,提高环境质量。如以压缩天然气为燃料的汽车,其排放的尾气中基本不含硫化物,环境效益十分显著。

相对煤炭和石油,天然气在二氧化碳减排方面有较好的表现。各种燃料排放物比较见表 5-14。

表 5-14 煤、油和天然气排放量比较 (单位:kg)

排放物	燃 1t 油	燃(1toe)煤	燃(1toe)天然气
CO_2	3100	4800	2300
SO_2	20	6	—
NO_x	6(工业)	11(工业)	4(工业)
CO	6~30	4.52	0.53
未燃烃	0.5	0.3	0.045
灰	0	220	0
飞灰	0	1.4	0

注:煤中含硫 1%,80%已脱除;油中含硫 8%,未脱除。toe 表示吨油当量。

由表 5-14 可以看出：①燃烧天然气不排放 SO_2；②相比燃煤，NO_x 排放减少 63.64%，CO_2 排放减少 52.08%；③相比燃油，NO_x 排放减少 33.33%，CO_2 排放减少 25.81%。燃烧 1 亿 m^3 天然气释放的热量相当于燃烧 13.30 万 t 标煤释放的热量，具体减排价值见表 5-15。

表 5-15　燃烧 1 亿 m^3 天然气减排价值

序号	项目	单位
1	替代煤炭	13.30 万 t 标煤
2	减少二氧化碳排放	13.25 万 t
3	减少二氧化硫排放	1.00 万 t
4	减少氮氧化物排放	0.45 万 t
5	减少粉尘排放	9.04 万 t
6	综合减排度	23.74 万 t

1) 减少二氧化碳排放

煤炭/燃油/天然气二氧化碳排放指标比较见表 5-16，在发电方面，天然气发电相比燃煤发电降低二氧化碳排放约 44%；在供热和采暖方面，天然气相比燃煤降低二氧化碳排放约 55%；在交通方面，天然气相比燃煤降低二氧化碳排放约 30%。

表 5-16　煤炭/燃油、天然气二氧化碳排放指标比较

项目	煤炭/燃油	天然气
发电排放/(g/kW·h)	786	443.7
供热和采暖排放/(g/MJ)	140	63.3
交通排放/(g/km)	275	192.5

2) 减少二氧化硫排放

相对煤炭和石油，天然气在二氧化硫减排方面有较好的表现（表 5-17）。在发电方面，天然气发电相比燃煤发电降低二氧化硫排放约 96%；在供热和采暖方面，天然气相比燃煤降低二氧化硫排放约 63%；在交通方面，天然气相比燃煤降低二氧化硫排放约 79%。

表5-17　煤炭/燃油、天然气二氧化硫排放指标比较

项目	煤炭/燃油	天然气
发电排放/(mg/kW·h)	412.22	17.77
供热和采暖排放/(mg/MJ)	12.83	4.75
交通排放/(mg/km)	56.97	11.76

3)减少氮氧化物排放

相对煤炭和石油，天然气在氮氧化物减排方面有较好的表现（表5-18）。在发电方面，天然气发电相比燃煤发电降低氮氧化物排放约69%；在供热和采暖方面，天然气相比燃煤降低氮氧化物排放约60%；在交通方面，天然气相比燃煤降低氮氧化物排放约34%。

表5-18　煤炭/燃油、天然气氮氧化物排放指标比较

项目	煤炭/燃油	天然气
发电排放/(mg/kW·h)	376.08	115.86
供热和采暖排放/(mg/MJ)	77.05	30.62
交通排放/(mg/km)	89.92	59.69

4)减少颗粒物排放

相对煤炭和石油，天然气在颗粒物减排方面有较好的表现（表5-19）。在发电方面，天然气发电相比燃煤发电降低颗粒物排放约86%；在供热和采暖方面，天然气相比燃煤降低颗粒物排放约67%；在交通方面，天然气相比燃煤降低颗粒物排放约81%。

表5-19　煤炭/燃油、天然气颗粒物排放指标比较

项目	煤炭/燃油	天然气
发电排放/(mg/kW·h)	91.64	12.64
锅炉排放/(mg/MJ)	6.48	2.15
交通排放/(mg/km)	20.92	4.07

2. 天然气利用节能指标参数

天然气的节能主要体现在其利用效率上，煤炭、燃料油和天然气的利用效率比较见表 5-20。表 5-20 中的效率低值或能耗高值基本代表了目前各行业的平均水平，效率高值或能耗低值则基本代表了目前各行业的先进水平。表 5-20 表明，无论是哪个行业，天然气的利用效率都要比煤炭高很多，也高于燃料油。燃煤锅炉煤改气后热效率可提高 30% 左右。

表 5-20　煤炭、燃料油和天然气的利用效率比较

能源类型	热值	发电效率/%	工业锅炉热效率/%	民用热效率/%	化工能耗/(kg 标煤/t-氨)
煤炭	29.3(MJ/kg)	34~38	65~80	15~30	1800~1570
燃料油	41.5(MJ/kg)	40~55	80~90	—	—
天然气	36.9(MJ/m^3)	44~58	86~90	55~65	1210~990

不同行业利用 1m^3 天然气与 1kg 标煤生产相同有效产物的节能量对比见表 5-21。天然气与煤炭相比，在发电、工业燃料、城市燃气、化工等行业都具有巨大的节能能力，使用 1m^3 天然气与相应可替代的煤炭相比，可节约能量 11%~73%。由于我国民用燃煤效率低，天然气在城市燃气行业使用的节能效果最为明显。城市燃气的节能量是天然气用于各行业平均值的 1.9~2.8 倍。

表 5-21　不同行业利用 1m^3 天然气与 1kg 标煤相比生产相同有效产物的节能量

行业	节能量	
	热值/MJ	热值/(kg 标煤)
发电	10.85~19.42	0.37~0.66
工业燃料	4.61~11.92	0.16~0.41
城市燃气	43.05~98.40	1.47~3.36
化工(合成氨)	17.99~21.62	0.61~0.74
平均	22.18~34.79	0.76~1.19

在能源效率提升方面,新方法、新工艺的采用大大提高了单位能耗下的做功量,从而降低了总能耗。

(二)天然气利用的社会经济价值

天然气应用领域包括居民生活、商业、工业等。天然气利用工程项目投资规模大,产业关联度强,工程的建设必将拉动区域国民经济的增长。天然气利用的区域社会经济价值包括天然气企业创造的增加值、天然气企业创造的增加值对地区生产总值的贡献、对国民经济的社会贡献率、对就业的贡献、对地方财政的贡献、对居民收入的贡献、替代高碳能源的贡献,以及对其他低碳产业、低碳城市、低碳工业园区的贡献等。

1. 提高城乡综合竞争力

天然气利用能有效改善城市基础设施服务,改善环境。天然气进入城乡后,可改善大气环境及城乡卫生面貌,减少城乡间煤、灰渣和液化石油气的运输,改善城乡交通运输状况。

2. 有利于带动与天然气相关行业和系统工程的建设

天然气项目投资规模较大,无疑将带动运输业、冶金、机械、电力、化工、建筑业、建材业、商业等相关产业的发展,促进社会各项事业的全面发展。例如,推动形成了川渝地区以天然气为原料或燃料的产业集群。川渝地区的天然气化肥生产业已具有相当规模,是全国重要的化肥生产基地。以天然气为原料,川渝地区发展了以四川维尼纶厂、重庆扬子江乙酰化工公司和建滔天然气化工有限公司为代表的天然气化工业,生产甲醇、乙酸、乙炔、合成纤维等天然气化工产品。天然气化工已成为川渝地区国民经济的重要支柱产业。在天然气价格相对低廉、环保、热效率高、使用方便等优势的吸引下,川渝地区外的许多企业进入川渝兴业,利用天然气作燃料提升产品的质量和档次,包括电子、轻工、陶瓷、IT 等产业。在四川夹江地区，丰富的土地等自然资源和天然气供应促进了当地建陶业的蓬勃发展，建立与形成了建陶业集群。

3. 扩大就业

天然气利用规模的扩大，天然气建设工程的实施，势必带动相关产业和行业的发展，从而为社会提供相应的就业岗位，扩大就业，促进社会的稳定，增强社会向心力。

4. 增加地方财政收入

开辟新的经济增长点，增加地方财政收入，是经济发展的主要目标之一。天然气工程的建设实施，将促进区域经济的长足发展，直接和间接地增加地方财政收入。

按照国家统计局中国经济景气监测中心对川渝地区的实证分析计算，每生产 $1m^3$ 天然气可带动地区生产总值增加 8.61 元，2020～2023 年西南油气田公司生产天然气 1475.9 亿 m^3，拉动地方生产总值约 12707.5 亿元，为川渝地区经济社会发展作出了重要贡献。

(三)天然气利用的能源安全价值

1. 加快实现能源结构调整，增强能源供应安全保障度

增加天然气在我国能源消费结构中的比例，是我国能源结构调整的重要目标，加快天然气工程基础设施建设，推广天然气使用有助于实现能源结构调整战略目标。同时，推广使用天然气需要机械、电力、冶金、建材等领域的参与和合作，并可带动金融、商业、交通、运输等行业发展。因此，推广使用天然气将给相关行业带来很多发展的机会，促进社会发展。

天然气不但能提高工业产品质量和人民生活质量，更重要的是能降低企业和社会对煤炭和成品油的依赖程度，优化能源消费结构。以

四川省为例，根据《四川省能源领域碳达峰实施方案》（川发改能源〔2023〕3 号），到 2030 年，四川能源结构将由以煤炭消费为主转变为以非化石能源消费为主。其中，石油消费增长幅度不大，天然气和非化石能源消费增长幅度较大。

2. 增强市场供需安全保障度

增强市场供需安全保障度可用 3 个指标衡量。①反映能源贸易安全——对外依存度；②反映能源市场需求安全——天然气能源消费占比；③反映清洁能源市场安全——天然气清洁能源消费占比。

二、单项科技成果社会价值溯源分配评估模型

(一)单项科技成果社会价值溯源分配评估模型设计思路与原则

1. 思路

1)全面贯彻落实国家要素市场化配置和科技成果社会价值评价的相关政策

党和国家长期强调按照要素分配，提出完善要素市场化配置以实现要素自由流动和价格灵活反应等目标，为技术作为一种重要的生产要素参与市场交易与劳动分配提供了政策支撑。《国务院办公厅关于印发要素市场化配置综合改革试点总体方案的通知》（国办发〔2021〕51 号）指出，构建充分体现知识、技术、管理等创新要素价值的收益分配机制。《国务院办公厅关于完善科技成果评价机制的指导意见》（国办发〔2021〕26 号）要求，社会价值重点评价在解决人民健康、国防与公共安全、生态环境等重大瓶颈问题方面的成效。

科技成果社会价值评估是技术价值市场化商业化和量化考评、有效激励科技人员的科学手段。然而，受科技成果的社会价值取向、价值判断方式和评估方法的影响，在社会价值评估中，如何确定单项科技成果的社会价值分配率，成为科技成果社会价值评估的重大攻关课

题。因此，如何在现有研究成果基础上，集成创新适合天然气产业科技成果社会价值评估的方法体系，解决科技成果社会价值评估以宏观指标评判天然气项目、参数权重平均化和过度简单化、高估成果创效等问题，值得深入研究。

2）科技成果社会价值由天然气产业内外生产要素系统协同创造，天然气作为主要价值载体传输科技成果社会价值

社会价值分配（形式）不是由价值创造者决定，而是由天然气产业链和社会生产要素所有权决定，两个系统的技术、劳动、资本、管理等要素共同决定其社会价值大小。评价天然气科技成果社会价值需要确定上述要素的增量社会效益，才能发展和创新科技成果社会价值分配评估方法。

天然气科技成果价值体系包括科学价值、技术价值、经济价值、社会价值、文化价值。科技成果创效的依附性体现在科技成果可以转换成不同形式的载体而被存储或传播，天然气资源、工程项目业务流程和天然气产品等，都可成为天然气科技成果的依附载体。多年跟踪分析表明，天然气产业生产要素产出净值主体依赖于天然气商品量、市场价格和相关成本，天然气科技成果的社会价值主体集中表现在通过天然气利用为区域社会经济、区域生态环境、区域能源安全作出贡献（图 5-10）。

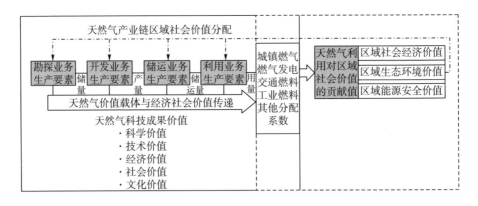

图 5-10　天然气产业链和区域社会价值创造与传递体系关系图

3)遵循要素贡献分配法，科技成果社会价值分配率大小与科技成果天然气商品量分配和产业链贡献密切关联

天然气产业链从气藏、井筒、地面集输、长输、储气库到配送给用户是一个封闭系统，每个环节对单位天然气商品量利用形成社会价值(区域社会经济、区域生态环境、区域能源安全等)都作出了不同的贡献，因此必须引入产业链区域社会价值分配系数和科技成果天然气商品量分配系数，表征科技成果应用在天然气产业链中对社会价值的贡献大小。

2. 原则

天然气产业科技成果社会价值分配率的确定对评估结果有着重大影响，如何正确、合理地确定科技成果社会价值的分配率，便成为使用收益分成法的难点和关键。科技成果社会价值分配应当遵循的总原则是按照要素贡献分配、合理分配、投入与产出相关性、方法简单与可操作性等原则。

(二)单项科技成果社会价值分配评估模型设计

根据生产要素分配理论、科技成果价值分享理论、科技成果社会价值分配的主控因素，以及天然气产业链和区域社会价值创造与传递体系关系、社会价值分配评估模型设计思路与原则等，建立天然气产业单项科技成果社会价值分配评估模型(图 5-11)。

从图 5-11 可看出,单项科技成果社会价值分配评估需要 4 个步骤:①科技成果应用项目的社会价值评估;②单项科技成果社会价值分配率测算,需要测算 2 个基础参数,一是单项科技成果天然气商品量分配率;二是产业链区域社会价值分配系数;③单项科技成果社会价值计算;④通过合理的科技成果社会价值分配方式,最终实现社会价值分享激励。

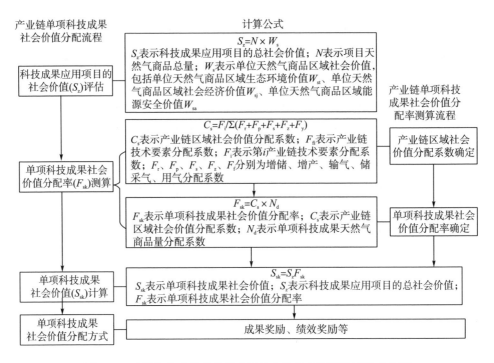

图 5-11　天然气产业单项科技成果社会价值分配评估模型结构图

上已述及,单项科技成果经济价值分配额度等于项目净值乘以单项科技成果经济价值分配率。从广义上讲,天然气科技成果的其他增效与天然气产品的直接关联度不高,虽然它也对社会经济有贡献,但因体量小和企业内部核算,可不做考虑,而科技成果增储、增产、输气、储采气、用气等都与天然气商品量关联。科技成果社会价值分配率与其所在产业链基础贡献和科技成果天然气商品量分配系数密切相关。

$$S_{sk}=S_zF_{sk} \tag{5-36}$$

$$S_z=N \times W_s \tag{5-37}$$

$$F_{sk}=C_s \times N_d \tag{5-38}$$

式中, S_{sk} 为单项科技成果社会价值; S_z 为科技成果应用项目的总社会价值; F_{sk} 为单项科技成果社会价值分配率; N 为项目天然气商品总量; W_s 为单位天然气商品区域社会价值; C_s 为产业链区域社会价值分配系数；N_d 为单项科技成果天然气商品量分配系数。

三、科技成果社会价值分配评估的主要参数确定

(一)项目天然气商品总量

项目天然气商品总量(N)是指天然气市场销售的商品总量。在科技成果经济价值评估过程中，每个作业阶段所使用的项目天然气资源量含义不同，勘探阶段是储量、开发阶段是产量、管输阶段是输气量、储采气阶段是储采量、利用阶段是商品量。因此，天然气产业链不同阶段天然气资源的内涵与数量有差异。

1. 勘探开发阶段的项目天然气商品量测算

对于勘探阶段，项目天然气商品量等于经济可采储量扣除油气田开发生产自用和到终端市场过程中的损耗。即：

勘探项目天然气商品量=经济可采储量×(1-气田自用率-产业链损耗率)

$$(5-39)$$

2. 开发阶段的项目天然气商品量测算

对于开发阶段，项目天然气商品量等于天然气产量扣除油气田开发生产自用和到终端市场过程中的损耗。即：

开发项目天然气商品量=天然气产量×(1-气田自用率-中下游损耗率)

$$(5-40)$$

3. 管输阶段的项目天然气商品量测算

对于管输阶段，项目天然气商品量等于天然气输量扣除输损量。即：

管输项目天然气商品量＝天然气输量×(1－输送损耗率)　(5-41)

4. 储采气阶段的项目天然气商品量测算

对于储采气阶段，项目天然气商品量等于天然气储采量扣除损耗量。即：

$$储采气项目天然气商品量＝天然气储采气量×(1－储采损耗率)$$

$$(5\text{-}42)$$

5. 利用阶段的项目天然气商品量测算

对于天然气利用阶段，项目天然气商品量等于天然气销售量。

(二)单位天然气利用的社会价值

1. 单位天然气利用综合减排强度(W_{sz})

根据表 5-15，单位天然气利用综合减排强度(W_{sz})为 23.74 万 t/亿 m^3。

2. 单位天然气利用带动区域生产总值增加值(W_{sj})

按照国家统计局中国经济景气监测中心对川渝地区的实证分析计算，每生产 1m^3 天然气可带动地区生产总值增加 8.61 元，当然这是一个动态指标，因为在各地区不同经济发展阶段，单位天然气利用带动地区生产总值增加值(W_{sj})是波动的。但是，在同一地区经济发展相对稳定期间，其值也相对稳定。

3. 对能源市场供需安全贡献度(W_{sa})

1)反映能源市场贸易安全——对外依存度

天然气产业科技成果应用增加能源市场天然气供应量，降低进口天然气比重，能有效降低天然气消费的对外依存度，以保障能源供应安全。

$$天然气对外依存度＝进口天然气量/国内实际消费量　(5\text{-}43)$$

2）反映能源市场需求安全——天然气能源消费占比

天然气产业科技成果应用增加能源市场天然气供应量，提高天然气在一次能源消费中的比重，对保障能源供应作出贡献。

天然气能源消费占比＝天然气消费量/一次能源消费总量(5-44)

3）反映清洁能源市场安全——天然气清洁能源消费占比

天然气产业科技成果应用增加清洁能源市场天然气供应量，提高天然气在清洁能源消费中的比重。

天然气清洁能源消费占比＝天然气消费量/清洁能源消费总量

(5-45)

总之，上述 3 项指标的增大都离不开增加天然气供应量。因此，增加天然气供应量能对能源市场供应安全作出贡献。可用天然气产业链单项科技成果天然气商品量分配系数作为评价指标。

(三)产业链区域社会价值分配系数

除 LNG 和 CNG 运输外，每立方米天然气都历经地下—井筒—地面集输—长输管道(或储气库储存)—利用这一过程，都是在密闭通道中传输，因此对每立方米天然气形成的最终社会价值而言，天然气产业链各环节在价值传递中都相应地作出了不同程度的贡献。天然气产业链技术要素投入分析表明,勘探开发技术要素投入最大,储运次之,销售利用最小。为了表征产业链各环节对社会价值的贡献，引入产业链区域社会价值分配系数(S_{ci})：

$$S_{ci}=F_i\ /\ Z \tag{5-46}$$

$$Z=\Sigma(F_r+F_p+F_s+F_z+F_y) \tag{5-47}$$

式中，S_{ci} 为第 i 项产业链区域社会价值分配系数；F_i 为第 i 项产业链技术要素分配系数；Z 为产业链技术要素经济价值分配基数；F_r、F_p、F_s、F_z、F_y 分别为增储、增产、输气、储采气、用气技术要素分配系数。

通过扣除产业链其他技术要素分配系数值，就得到相应的第 i 项产业链区域社会价值分配系数（S_{ci}），取值参考见表 5-22。

表 5-22　产业链区域社会价值分配系数（S_{ci}）取值参考表

产业链		增储 (F_r)	增产 (F_p)	储运		用气 (F_y)	Z
				输气 (F_s)	储采气 (F_z)		
技术要素分配系数平均值	包含储采气业务	0.45	0.38	0.30	0.35	0.28	1.76
	不包含储采气业务	0.45	0.38	0.30	0	0.28	1.41
产业链区域社会价值分配系数 (S_{ci})	包含储采气业务	S_{cr}: 0.26	S_{cp}: 0.22	S_{cs}: 0.17	S_{cz}: 0.20	S_{cy}: 0.15	—
	不包含储采气业务	S_{cr}: 0.32	S_{cp}: 0.27	S_{cs}: 0.21	S_{cz}: 0	S_{cy}: 0.20	—

（四）单项科技成果天然气商品量分配系数

增储类、增产类、输气类、储采气类、用气类等科技成果项目的经济价值基数（净现值或净利润），都主要取决于天然气商品量、天然气价格和完全成本，即：

单项科技成果经济价值＝（天然气商品量×天然气价格−完全成本）

×单项科技成果经济价值分配率　　　（5-48）

单项科技成果天然气商品量分配额度＝天然气商品量

×单项科技成果天然气商品量分配系数

（5-49）

根据式（5-48）和式（5-49），在天然气价格和完全成本不变的条件下，单项科技成果天然气商品量分配系数与单项科技成果经济价值分配率成正比。为了表征科技成果与社会价值的紧密相关性，参数提取要尽量简化和具有可操作性，设单项科技成果天然气商品量分配系数等于单项科技成果经济价值分配率。

第六章　天然气产业科技成果交易平台设计与建设

第一节　搭建天然气产业科技成果交易平台的意义

一、适应党和国家科技成果转化与市场化交易改革需要

近年来，中共中央、国务院陆续出台实施一系列政策措施，要求积极推进知识产权和科技成果转化：下功夫促进高质量知识产权创造与转化，下功夫推进市场化科技成果转化。《国务院办公厅印发要素市场化配置综合改革试点总体方案的通知》（国办发〔2021〕51 号）提出，到 2025 年基本完成试点任务，要素市场化配置改革取得标志性成果，为完善全国要素市场制度作出重要示范。推进技术和资本要素融合发展、完善要素市场化交易平台、支持完善资源市场化交易机制、加强要素交易市场监管等。大力促进技术要素向现实生产力转化，健全职务科技成果产权制度，支持开展赋予科研人员职务科技成果所有权或长期使用权试点，探索将试点经验推广到更多高校、科研院所和科技型企业；支持将职务科技成果通过许可方式授权中小微企业使用；完善职务科技成果转移转化容错纠错机制等。健全要素市场治理，完善要素市场化交易平台，支持企业参与要素交易平台建设，规范要素交易平台运行；支持要素交易平台与金融机构、中介机构合作，形成涵盖产权界定、价格评估、流转交易、担保、保险等业务的综合服务体系。

这些政策对全国建立、完善科技成果市场化交易机制起到了推动

和指导作用，全国各省区市纷纷出台了相应的政策和具体实施措施，努力建设科技成果转化、汇聚多方合力、服务创新高地的平台，着力打通科技成果向现实生产力转化的通道。天然气产业链龙头企业责无旁贷把天然气科技成果与知识产权市场化交易机制落地，成为推动科技成果向现实生产力转化的示范企业。

二、适应油气行业高度重视数字与交易平台建设的需要

2021 年中国石油集团科技与信息化创新大会强调，要把发展平台经济作为高质量发展的重要内容，加快打造以电商交易为核心的能源产业互联网平台，提供统一的金融、物流、技术和数据等服务，实现线上线下相结合，产业链各环节相贯通，资源、市场、产品、技术、数据相融合，构建形成中国石油主导、多方参与、开放共享的智慧能源与化工产业生态圈。

2022 年中国石油加快完善昆仑平台建设方案，发展平台经济，积极筹建科技成果与知识产权交易中心。中国石油积极发展核心技术、推动成果评估、优化交易平台的建设，加快推进科技成果有形化向价值显性化和商业化转变，使供需双方在科技成果与知识产权交易中获益。

三、川渝地区天然气产业高质量发展的内在要求

搭建交易中心是破解科技成果转化"最后一公里"难题的主要途径。完整的科技成果转化过程包括商业化和产业化两个方面，其具体环节包括：科技发明—技术开发—中试—商品化—产业化，其发展是技术需求推动和市场机制拉动的。围绕技术形成与运营的全过程设计价值流程，技术形成、技术确权、科技成果交易、技术经营都成为重要增值点。因此，科技成果转化成功的关键不仅在于克服技术形成的难点，还需要寻找合适的交易对象，建立畅通的交易渠道。目前企业职务科技成果与知识产权权属改革仍处于探索初期，加之缺乏完善的

科技成果转移转化体系，以及权威、专业的科技成果与知识产权交易平台，导致油气产业链企业直属科研院所、下属企业，以及高校等机构的科技成果转移转化仍然无法突破其运行机制的障碍。因此，搭建天然气科技成果与知识产权交易中心是破解科技成果转化"最后一公里"难题的主要途径，也是当前及今后一段时间内科技成果转化工作的重点之一。

除了川渝地区社会经济和市场化交易平台资源条件外，西南地区油气龙头企业还具备良好的交易中心建设基础条件。一是西南地区油气龙头企业拥有丰富的天然气科技创新组织资源，与高校和内部单位共建覆盖产业链专业的协同创新联合体；二是拥有企业专家智库群，覆盖了天然气全产业链，能有效推进创新平台建设和跨界融合创新，储备和培养科技成果与知识产权交易人才；三是已承担国家级、省部级、集团公司级的科技创新项目，并取得相应的创新成果；四是已经拥有部分金融、证券、保险等交易平台和数字平台资源，以及相应的交易制度和规则，交易平台资源和服务规则具备基础条件；五是拥有天然气产业链数字化油气田建设条件并已经取得重要成效。

第二节　天然气产业科技成果交易平台设计思路

一、探索构建具有中国天然气产业特色的科技成果市场交易体系

为贯彻落实党的二十大精神，完整、准确、全面贯彻新发展理念，适应党和国家科技成果转化与市场化交易改革要求，应依托和发挥现有产权、技术产权和技术等要素市场的作用，破解科技成果转化"最后一公里"难题，推进科技成果商业化与市场化激励机制建设，搭建天然气科技成果与知识产权交易中心，以探索构建具有中国天然气产业特色的科技成果与知识产权市场体系为主要任务，把发展科技成果

交易中心作为天然气产业链企业加快建设成世界一流企业的重要抓手。应整合天然气产业链科技创新资源，孵化和激活休眠科技成果与知识产权产品，消除信息不对称和异构现象，打通天然气产业链科技成果与知识产权创造、运用、保护、管理、服务全链条，促进科技、金融、产业的深度融合，提高科技创新供给质量和转化效率，统筹规划交易中心建设，促进创新要素在更大范围内畅通流动，激发创新潜能和科技人员创新活力，以推动天然气产业高质量发展。

二、创建开放式结构完善的天然气科技成果交易中心

根据中国石油科技成果与知识产权交易中心建设初步方案，天然气科技成果交易中心由资源开发中心、认证评估中心、展示推广中心、交易服务中心、交易云平台（"四中心一平台"）构成。结合天然气产业链自身特点，积极开展相应的搭建。

(一)天然气科技成果资源开发中心

天然气科技成果资源开发中心作为交易中心的基础功能板块，将产学研、技术转移和企业孵化等平台的创新资源紧密结合起来，形成一条完整的天然气产业上中下游技术创新抚育链。该中心的基本职能包括天然气科技成果资源开发、天然气创新需求资源开发、专家群资源开发、天然气创新服务资源开发等。

健全科技成果转化应用体系。一是建立科技创新联合体,试点"直属研究机构+区域研究中心"的协同模式。实现科研和生产单位的优势互补和资源统筹，促进技术交流，推动科研生产协同发展。组建天然气科技创新转化实验中心，实施有偿使用和共享模式，为企业内外有相关需求的单位提供服务。二是建立天然气产业链技术图谱，形成天然气产业链技术谱系。

（二）天然气科技成果认证评估中心

天然气科技成果认证评估中心作为重要的功能服务板块，基本职能包括天然气科技成果认证、创效认证、团队认证、产权认证与中介认证。树立以科技创新质量、绩效、贡献为核心的评价导向，充分发挥评价指挥棒作用，激发科技人员积极性，推动高质量科技成果尽快产出，营造良好创新生态。同时，围绕天然气生产应用效果和科技管理水平提升，针对不同属性项目分层级建立后评价机制。

（三）天然气科技成果展示推广中心

天然气科技成果展示推广中心的功能包括成果展示、成果路演、成果推广等。通过一系列活动探索"投资+孵化"模式，鼓励创新创业载体设立天使投资基金。探索对科技成果概念验证、中试、产业化等不同阶段采取差异化的金融支持方式。

（四）天然气科技成果交易服务中心

将天然气科技成果交易服务中心的功能引入业务流程，明确服务流程，形成服务能力，建立规范的交易服务体系。交易服务中心旨在为科技成果转化交易提供政策法规咨询、前沿技术研判、市场调研分析、法律协议谈判等全链条一体化服务。交易服务中心通过信息匹配、操作指导、流程优化、多维推广等方式，开展交易流程管理、服务机构管理、服务标准管理、服务效果评价、多元增值服务，帮助技术项目方与需求方进行对接。

（五）天然气科技成果交易云平台

天然气科技成果交易云平台是交易中心系统功能的综合集成，拥有科技成果交易流程公示、成果数据开发、供需智能匹配、政策服务公示等功能。搭建线上交易云平台，连接线下四大中心服务功能，构建线上线下相结合的交易中心。针对撮合交易服务完成后尚不具备交易条件的科技成果，提供供需智能匹配、政策信息服务、融媒体推广、数据开放共享等线上支撑，进一步提升交易可能。同时，加强信息共享，科技管理部门应加快数字化协同平台建设，最大化促进资源要素及项目立项、成果、管理模式、外协团队选择等信息在多单位间共享，避免重复立项，促进技术交流。

三、打造产业内外循环转化的科技成果交易保障体系

天然气科技成果交易中心建设坚持"集成整合、内外开放、服务专业、探索创新"的总体思路。充分利用和对接国家双创示范基地的产业资源、市场资源以及区域资源，构建天然气科技成果内循环，且激发更多市场扩展应用的外循环转化体系。一是通过以"四中心一平台"为核心的天然气科技成果与知识产权交易中心，强化信息集聚、价格发掘、供需对接等专业服务能力，实现市场发现和风险把控的有机平衡。二是建设标准化、专业化的油气行业技术服务体系，形成交易中心服务规范与流程；健全协议定价、挂牌交易、拍卖、资产评估等多元化科技成果市场交易定价机制。三是建设强有力的组织体系，通过组织机构与人才队伍的建设，保障交易中心的建设。通过统筹推进，形成全国性的天然气科技成果与知识产权交易中心示范工程，最终构建具有天然气产业特色的科技成果与知识产权交易体系。

第三节　天然气产业科技成果交易平台建设策略

一、加强组织领导，持续释放天然气科技市场主体活力

(一)加强组织领导，做好宣传引导

强化天然气产业链龙头企业科技管理部门职责，交易中心建设期

间由科技管理部门牵头，成立筹备委员会。同时，下设天然气科技成果资源开发工作组、认证评估工作组、交易服务工作组、展示推广工作组、交易云平台工作组，分别承担"四中心一平台"的具体工作。

(二)建立协同机制，优化资源配置

加强天然气产业链龙头企业科技、计划、财政、人力资源、法律企改等部门的政策协同和工作协调，推动技术要素与其他要素的有效衔接与融合发展，促进科技成果转移转化。健全跨部门、跨区域联动机制，引导技术要素在区域间高效流动，推动天然气产业链龙头企业科技成果交易网络互联互通。

充分发挥天然气产业链龙头企业的引导作用，鼓励各单位加大对建设科技成果交易市场、技术转移服务机构等的支持力度。完善多元化、多渠道、可持续的投入机制，通过风险补偿、后补助等多种方式引导相关企业、社会资本参与科技成果转移转化。

(三)加快科技资源整合，规范业务流程

通过加强天然气产业链技术供需双方的交流与合作，引入风险共担、利益同享的支付机制，以及限制技术使用范围及技术回流的保障机制来提高合约的结构化程度。降低交易的不确定性，促进科技成果交易的发展。集中优势打造集天然气技术项目推介、难题招标、技术诊断、科技成果价值评估、高新技术产品代理、技术合同登记、市场调研、融资代理、产权代理等于一体的专业性服务机构。

规范天然气技术转移中介机构的活动模式，改变技术供需双方直接签约的方式，出台政策规定科技成果交易一定要有第三方技术中介机构参与，包括对技术本身的评估、量化以及对双方信用的监督等，全程监管科技成果交易过程，避免双方直接交易带来的信任问题和无休止的议价，以及第三方监管缺位造成的不确定性，降低交易风险。发展和完善技术中介服务体系，加大技术中介投入，改善技术中介服务模式。

二、创新市场化运作机制，提高科技成果交易整体效能与水平

(一)规范交易行为，提高交易市场的整体效能与水平

积极推进交易市场行业自律。促进成果交易，要发挥法律的规范和监管作用，从制度层面加强对知识产权的保护，将技术开发、转让、咨询、服务等环节纳入法律调整范围，建立制度保护的长效机制。严格交易程序，履行必要手续。健全内部管理，建立信息披露制度。

建立知识产权交易信息沟通反馈机制与运营网络。切实发挥行业自律组织在自律维权、业务交流与合作、技术规范制定、管理咨询、业务培训、理论研究、对外合作等方面的作用，提高交易市场的整体效能与水平。

(二)积极培育建设天然气科技成果信息市场

依托集团公司内外部技术市场现有的网络、平台、信息资源，整合搭建国内一流的科技成果交易与科技成果信息平台。该平台是一个集技术成果信息集成、技术资源管理、中介机构管理、交易结算于一体的系统，不仅提供了各种咨询信息与交易信息，而且可以进行网上科技成果交易结算。在此基础上，与其他能源行业，甚至国内外其他地区的网上科技成果交易平台进行互联互通，促进信息交流，开展网上交易，降低科技成果交易成本，为高校、科研院所的研发决策提供科学依据。以整合科技成果交易网络平台为契机，建立一个多层次的资源共享的技术市场公共服务网络。

建立油气科技信息报告制度和共享知识库。建立信息披露分级机制。健全平台信息服务功能。建立信息披露责任追究机制。

(三)加强知识产权保护，为技术要素参与收益分配创造良好条件

无论是技术要素的生成，还是技术要素成果转化以及最后的收益分配,技术要素参与收益分配的各阶段都离不开知识产权制度的保护。建立知识产权信息服务平台，加强知识产权宣传培训工作，提高知识产权保护意识和知识产权利用水平，加大知识产权保护力度，强化知识产权的社会影响力，创新思维,建立和完善知识产权保护长效机制，开通知识产权维权绿色通道，加大知识产权执法力度，依法打击侵权行为，保障知识产权拥有人的切身利益。

三、强化天然气科技成果交易人才队伍建设

(一)学习科技成果交易市场的制度和规范

开展规范化的交易是科技成果交易市场的基本要求，应结合实际学习科技成果交易与技术产权交易服务规范，推进科技成果交易全过程管理，推进业务全流程标准化制订，规范受理服务程序，全面提升科技中介机构的服务能力，促进技术转移服务行业可持续发展。加强产学研合作，鼓励和支持技术成果的交易和转让。针对公司需求，以市场为导向并充分考虑生产条件和生产成本等实际问题，促进解决专利转化难的问题。

(二)探索建立技术经纪人制度，加强技术转移人才队伍建设

技术经纪人在科技成果转化和交易过程中具有重要作用，建立技术经纪人制度，建设一支懂技术、懂管理、懂经营、懂法律的技术经纪人队伍，由专业人士负责科技成果的转化和交易，提升科技成果的规模化应用率。针对科技成果转化的信息服务体系、风险投资支撑体系、交易服务体系以及技术经纪人业绩评价激励机制等方面开展培训，

积极探索，勇于创新，培养技术经纪人队伍。

知识产权交易人员需要在交易过程中进行价值评估、谈判等一系列的工作，这就对知识产权交易人员的素质提出了比较高的要求。建立贯穿科技成果交易全程的能力培育体系，开发线上与线下相结合的系统培训模式，建立交易人才信息化、模块化、分散式培训体系。科技成果交易中心要组织开发适应自身交易需求的培训认证体系，畅通技术转移人才专业职称评聘晋升通道，健全技术转移人才队伍培训考核激励制度，完善高层次技术转移人才库机制，为科技成果交易中心建设提供人才软实力支持。

（三）加强科技成果交易和专利交易服务团队建设

整个科技成果交易过程最根本的问题是风险控制。无论是对技术本身的评估量化，还是交易双方的诚信机制建设，都是为了有效控制交易风险。因此，可将科技成果交易转化为商品交易来运作，由技术需求方支付技术购买价值，技术持有方按照支付价值提供相应的技术，以合同中量化的参数为依据，由中介机构全程监管交易过程。

培养和吸引专业人才，增强业务培训，提高员工队伍素质，形成一支学科更加齐全、高素质、专业化的服务团队和管理团队。通过组织技术经纪人培训等活动，提高成员的业务水平和服务能力，形成一支高素质的业务支撑团队。另外，还要培养服务团队的创新能力，增强服务意识，努力提高服务质量和标准。

四、加强管理会计体系建设，形成科技成果评价保障体系

（一）建立天然气科技创新管理会计体系

天然气科技创新与企业成本管理之间保持着一种共生互动关系，而技术创新具有成本高、消耗大、风险大、分散性强、协同创造价值

强等特点，因此应加强技术创新管理会计相关问题研究，重点是要通过对技术创新作业成本的分析和归集，对技术创新人员及相关管理人员的业绩进行计量和考核。技术创新管理会计体系建设应从管理控制系统、预算管理、成本管理、绩效评价、责任会计、会计综合管理 6 个方面进行。天然气企业应协调财务会计与管理会计的关系，合理分离会计核算与管理会计；培养和吸纳素质过硬的技术管理会计人员，提高技术创新管理会计人员的专业素质和职业道德；构建技术创新管理会计决策支持信息化平台，利用大数据技术建立会计数据中心，建立数据仓库和数据集，建立专业的数据处理团队，并注重会计信息系统的安全建设。

(二)强化科技创新投入全成本预算和核算体系建设

积极推进科技投入全流程精细化管理。一是进一步厘清科技投入与产出绩效的关系，改进销售收入的核算管理方式，建立销售收入级序科目，提升收入统计质量。二是坚持科技项目全成本预算与核算，做到实时反映研发支出，避免事后分摊。三是再造财务报表，提高财务管理质量。在完善管理会计体系期间，公司可按照发展需要、政策制度要求，合理开展财务报表再造工作。

强化天然气产业链工程总承包科技项目管理。一是依据国际通用准则，研发成本应当包括所有直接归结于研究与开发行为的成本，或是能够合理地分摊在研发行为上的成本。二是对研发项目的认证、考评、确认或淘汰等进行全流程管理,油气市场主体共享科技活动价值。三是从合同签订改变目前作法，更好地匹配政策，为统计研发投入找到佐证。在总经费不变的条件下，通过在总承包合同中签订补充科技合同、联合或委托科技合同、科技战略合作合同等方式，明确研发科技成果权属，共同分享科技活动价值。四是建立油气内部市场研发交易与核算结算制度。针对投资类研发活动界定不清晰等问题，明确研发项目与所属投资项目之间的关系，明晰研发投入权属。

(三) 推进科技创新管理会计建设

设置专门的科技创新管理会计职位，充分发挥管理会计人员科技创新活动事前预测、事中管控、事后评价的职能。围绕科技创新活动管理会计工作总体目标，明确管理会计人员的职责及权利，其主要职责：一是负责落实本单位年度研发投入强度指标，编制本单位年度科技投入预算；二是负责本单位承担的各级科技项目投资计划和费用预算编制；三是负责各级科技投入的使用、监督与管理，向上级科技管理部门报告科技投入预算执行情况及调整建议；四是组织上报本单位科技投入财务决算及科技统计。

建立健全管理会计体系相关制度。一是制度化规定管理会计人员参与天然气产业链的生产、经营、科技决策等环节，从制度上确保"油气业财融合"落地。二是建立管理会计部门与研发部门的协作制度。管理会计部门全面分析国家相关政策，分析报告提供给研发人员和科技项目负责人。管理会计部门与劳资和研发部门进行沟通交流，为出台天然气产业链相关激励措施奠定基础。三是逐步建立多元化科技投入机制，加强科技投入的全成本预算与核算制度建设。积极推进天然气产业链科技投入全面预算管理，确保研发投入强度，丰富科技创新融资渠道。

(四) 加强管理会计理念和人才培养

持续更新管理会计理念，丰富科技创新管理会计内涵。一是天然气产业链企业是科技项目的具体实施主体，随着油气行业环境变化，坚持油气科技市场管理理念、科技项目全过程管理理念和油气科技信息化动态管理理念，促进科技创新管理会计体系建设。二是提高对科技创新管理会计的重视程度，明确科技创新管理会计工作在油气生产和经营管理中的重要性，促使企业各部门有效配合管理会计部门的工作。

提升财务部门和科技机构人员的管理会计水平，鼓励天然气产业链会计人员参加管理会计专业考试，以高端管理会计人才带领，逐步实现天然气产业链财务管理团队综合素质的不断提升。根据天然气产业链的实际与发展需要，充分发挥管理会计人才在协调、统筹、管理油气田企业各部门和科技创新活动中的作用。

加强科技投入监督与考核。一是加强科技项目生命周期管理，逐步完善科技项目预算审查、中期跟踪、验收核查评估的各项制度。二是科技项目执行预算动态管理，预算拨款与项目执行进度相匹配。三是项目承担单位按照科技项目年度计划、任务，配备必要的人、财、物等资源，建立保障机制，确保科技项目任务的完成，并按时上报科技项目资金使用情况，提出调整建议，重大事项应做说明。科技项目年度检查、中期评估检查、验收应将资金使用情况作为检查、验收的重要内容。四是审计部门应不定期对各类科技项目的资金使用规范性及投入效益进行审计。加强科研项目评价验收工作，将年度分解落实的各级研发投入强度指标纳入相应层级领导班子的绩效考核体系。

（五）强化管理会计信息平台和工具开发

搭建科技创新管理会计信息化平台，提升科技创新数据共享与应用水平。一是将科技创新管理会计信息化建设纳入企业信息化规划、财务共享平台与科技创新成本管理信息系统协同建设，加快管理会计信息化和安全管理建设，以充分发挥科技创新管理会计在企业经营管理决策中的重要作用。二是加快科技财务管理系统与财务共享中心协同建设。进一步推进天然气产业链财务信息化、网络化和智能化的建设，实现科技创新成本数据化管理，提高科技创新投入管理和决策的效率。

综合应用管理会计工具，实现油气科技项目成本的事前与事中控制。科技创新管理会计体系建设的关键是灵活使用管理会计的各类方法。系统应用管理会计工具方法分析科技价值驱动因素，如标准成本法、平衡计分卡、作业成本法、全面预算管理、全价值链成本管理、企业管理会计报告等，这些管理会计工具方法都要求科技业务和财务融合，财务和非财务信息结合，关注价值驱动因素的识别、分析和激发。

搭建科技成果经济效益评价管理会计模型。天然气科技创新总体绩效水平受创新投入与产出要素协同作用、经济效益分成评估方法模型、评估指标体系及其关键参数取值、评估流程、评估制度等影响，应设计一个基于管理会计的天然气科技创新绩效评估体系，对项目经济效益、科技创新成果应用实际收益分成和预期收益分成、科技创新成果的社会生态效益等进行综合评价。

第七章 天然气产业科技创新要素市场化激励与额度测算

第一节 科技成果转化激励体系与市场化激励条件

一、科技成果转化激励体系

(一)技术创新激励性薪酬体系

在天然气产业链薪酬体系设计中，要在完善保障性薪酬体系的同时不断加大薪酬激励力度。激励性薪酬是丰富薪酬体系、增加科技人才报酬的关键手段，重点体现效率性，包括项目奖金提成和股权激励。根据项目奖金提成，对应用研究领域的科技人才和成果转移转化人才，探索实践人才股权、技术入股和分红激励等经济价值分配形式，同时实施薪酬福利弹性机制激励。薪酬福利主要是指外在的激励，主要包括工资、奖金等短期的激励薪酬，以及股票期权、股份奖励等长期激励，还有经济性福利，如教育培训补贴、交通补贴、住房津贴、交通补贴、伙食补贴、带薪休假、医疗保健等。

(二)技术创新奖励体系

科技人员的奖励体系主要是针对天然气企业取得科研成果的团队和个人，包括以奖金为主要形式的货币性激励，以及以表彰荣誉为主要形式的精神激励。科技人员的奖励体系包括一般性奖励和特殊性奖励。一般性奖励主要是对专利和著作、优秀论文等给予的激励。特殊性奖励主要包括对重要科研成果价值肯定、科研项目申请奖励、科技人员科研专项资金资助、以职务科技成果作价投资形成的股权奖励等非常规性激励，重点鼓励科研人才在重点领域取得重大成果。同时，兼顾团队的整体组织绩效。

（三）科技成果转化收益体系

天然气企业成果转化收益体系，是通过制定切实可行的有关科技成果转化利益分配的规章制度或签订合同等形式，规定企业科技成果转化中企业及科研人员应当履行的权利和义务，明确企业与科研人员间利益分配的比例和形式。利益分配的方式主要包括股权出售、股权奖励、项目收益分红、岗位分红等，鼓励天然气企业为科技人员的创新实践提供"一条龙"服务，最大限度调动科技人员服务企业、推动成果转化的积极性。

（四）技术创新绩效考核体系

天然气企业科技人员绩效考核指标体系主要包括工作业绩指标、工作态度指标、工作能力指标等。科技人员绩效考核遵循重点突出原则下的动态管理机制，即根据科研人员工作特点，制定侧重点不同的考核内容。对于应用基础性、前沿性科研工作，注重创新能力的过程性考核；对于应用开发科研工作，加强成果转化、经济效益等结果性考核；对于试验检测、产品开发、产业化开发、技术服务等，注重平衡过程和结果性考核，包括工作效率与效果、市场化开发、经济和社会效益、客户满意度等多种指标。

二、科技成果转化市场化激励条件

(一)实施全生命周期市场化合约确定激励分配基数

近年来，国家推行的科技成果转化市场化改革政策中的一个重要特征是实施全生命周期市场化合约，由市场化合约确定激励分配基数。科技项目实施要与承担单位签订技术开发合同，收益分配也是在市场化合同中约定，可分配额度需要第三方中介机构评估，科技成果与知识产权产品市场化交易需要通过线上或线下合约确定收益。

(二)职务科技成果权属改革与市场化分配

《国务院办公厅关于印发要素市场化配置综合改革试点总体方案的通知》(国办发〔2021〕51号)、《关于"科改示范企业"扩围及调整有关事项的通知》(国企改办〔2022〕2号)、《赋予科研人员职务科技成果所有权或长期使用权试点实施方案》(国科发区〔2020〕128号)等文件的主要内容之一，就是开展赋予科研人员职务科技成果所有权或长期使用权试点，并行推进职务科技成果"三权"改革和所有权改革试点，以激活产权激励，试点单位为国家设立的高等院校和科研机构。

(三)科技成果价值第三方评价

国家进一步规范了科技成果价值评估的方法，国家市场监督管理总局、国家标准化管理委员会联合发布《科技成果经济价值评估指南》(GB/T 39057—2020)、中国科技评估与成果管理研究会发布与实施《科技成果评估规范》(T/CASTEM 1003—2020)，等等。国家相关部委颁发的系列文件也指出，要不断规范科技成果转化的评估活动。激活中介服务活力，鼓励创办从事技术经济评估的中介服务机构，建立主要由市场决定评价成果的机制。从评价数量转向研究质量、原创价值和实际贡献，为科学技术成果转移、交易提供支撑服务，推动科学技术成果的推广和应用。

(四)科技成果转化市场化平台交易

《国务院办公厅关于完善科技成果评价机制的指导意见》(国办发〔2021〕26 号)提出要健全协议定价、挂牌交易、拍卖、资产评估等多元化科技成果市场交易定价模式，加快建设现代化高水平科技成果交易市场。交易市场化平台建设是破解科技成果转化"最后一公里"难题的主要途径。因此，科技成果转化成功的关键不仅在于克服技术形成的难点，还需要寻找合适的交易对象，搭建畅通的市场交易渠道。

(五)科技成果市场化激励政策法规保障

《国务院办公厅关于印发要素市场化配置综合改革试点总体方案的通知》(国办发〔2021〕51 号)要求，完善按要素分配机制。提高劳动报酬在初次分配中的比重，强化工资收入分配的技能价值激励导向。构建充分体现知识、技术、管理等创新要素价值的收益分配机制。在技术要素方面，着力激发技术供给活力，促进科技成果转化，打破央企科技人员薪酬待遇"天花板"。

技术要素参与分配是一项探索性工作和带有方向性的系统工程。对国有企业而言，职务科技成果的权属与分配比例难以明确，制约了科技激励。因此，需要努力构建和形成企业间合理高效的技术转移机制，推进创新和产权制度的结合、创新和资本市场的结合，完善成果转化和收益分配，实现收入激励方式多元化，激励和支持自主创新成果转化。

天然气科技成果价值管理制度主要包括价值评估制度、交易制度、激励制度、信息披露制度等。一是建立科技成果价值评估与分享规则。

制定和出台天然气企业科技成果价值评估的基本框架，如"天然气科技成果价值评估规范"，应包括评估的程序和方法、评估技术手段的采用及标准、实施评估的主体、评估收费标准、评估结论的法律效用等，促进技术要素参与内外部技术市场利益分配。二是进一步完善天然气技术要素参与经济价值分享的激励制度。进一步提高对技术要素参与股权与经济价值分享重要性的认识，创新天然气科技成果价值分配方式，建立技术创新激励制度体系，如科技奖励、岗位技能工资、科技项目承包奖励、科技成果转让和有偿技术服务利润提成、技术入股与分红、专利科技价值转移分享等激励制度。而激励制度体系的核心就是编制企业利润分享的各项重要规则，即天然气科技创新成果激励管理制度。

第二节　科技市场改革示范区建设与配套激励政策探索

一、推进科技市场改革示范区建设的必要性

（一）国家相关政策

《国务院办公厅关于印发要素市场化配置综合改革试点总体方案的通知》（国办发〔2021〕51 号）要求，完善按要素分配机制。提高劳动报酬在初次分配中的比重，强化工资收入分配的技能价值激励导向。构建充分体现知识、技术、管理等创新要素价值的收益分配机制。

科技部等 9 部门印发的《赋予科研人员职务科技成果所有权或长期使用权试点实施方案》（国科发区〔2020〕128 号）中明确，试点单位为国家设立的高等院校和科研机构。

在技术要素方面，着力激发技术供给活力，促进科技成果转化。一是激活产权激励，开展赋予科研人员职务科技成果所有权或长期使

用权试点，并行推进职务科技成果"三权"改革和所有权改革试点。二是激活中介服务活力，建立国家技术转移人才培养体系。

(二)科改示范企业实践

试点单位范围。2022 年 3 月 22 日，国务院国有企业改革领导小组办公室印发《关于"科改示范企业"扩围及调整有关事项的通知》(国企改办〔2022〕2 号)。"科改示范企业"在原 209 家的基础上扩围到 440 家，也就是说，又有 231 家企业入选国企改革"科改示范企业"。

根据国资委的要求，"科改示范企业"要加快研究制定或完善综合改革方案和工作台账。编制科改行动方案的步骤分为前期准备、方案编制、台账编制三个部分。

科改内容。科改行动"五件大事"，即完善治理、市场化选人用人、市场化激励约束、提升自主创新能力和坚持党的领导和党的建设。

科改地图。成立改革领导小组和改革工作小组，强化组织领导，健全工作机制，确保"科改示范企业"改革工作顺利推进。召开改革专项研讨会，确定改革地图。

强化市场化激励约束机制的重点内容。科技型企业工资总额可以实行单列管理，且不列入集团公司工资总额预算基数，不与集团公司经济效益指标挂钩；大力推行股权激励、分红激励、员工持股、超额利润分享等中长期激励方式。未来需要进一步明确一种中长期激励工具，作为主要激励手段。

二、科技市场改革示范区建设思路

(一)深化认识职务科技成果权属与创新效益分配政策

1. 建立科技成果权益初始分配制度，保障科技人员权益

《国务院办公厅关于印发要素市场化配置综合改革试点总体方案

的通知》(国办发〔2021〕51 号)要求，健全职务科技成果产权制度。支持开展赋予科研人员职务科技成果所有权或长期使用权试点，探索将试点经验推广到更多高校、科研院所和科技型企业。

科技成果权益初始分配制度是指在科技成果诞生之初，就对当事人的权益进行分配、确权和登记固化。天然气科技成果权益初始分配制度的重点是在科技成果产生之初，就通过科研单位和科技人员签订的协议对科技成果的权益进行初始确权分配，通过约定奖励报酬的方式、比例和时限有效界定科技人员的权益，从而切实保障每个科技人员享有与其创造的知识价值相对应的权益，为科研人员参与科技成果的转化提供不竭动力。

2. 构建科技成果强制许可制度，赋予科技人员转化权

科技成果强制许可制度是指利用国家财政资金形成的职务科技成果，自职务科技成果完成之日起满两年，无正当理由未转化的，在不变更职务科技成果权属的前提下，职务科技成果完成团队或个人有权要求有偿受让该职务科技成果或对其进行转化。职务科技成果完成人未要求有偿受让或转化的，企业科研机构应当委托专业机构转化职务科技成果。

(二)科技创新成果收益分享方式选择路径

1. 理清薪酬激励与非薪酬激励方式的内涵

目前天然气产业链龙头企业主要采用薪酬激励方式，如对科研人员的绩效考核激励、宽带薪酬激励(如双序列)、科技创新奖励(基础研究奖、科技进步奖等)等。

非薪酬激励方式是增加科技人才报酬的关键手段，重点体现效率性，包括根据项目奖金提成，对应用研究领域的科技人才和成果进行长期激励等。通过制定切实可行的有关科技成果转化利益分配的规章制度或签订合同等，规定企业科技成果转化中企业及科研人员各方应当履行的权利和义务，明确企业与科研人员间利益分配的比例和形式。

2. 优化科技创新人员按价值贡献进行评价与激励机制

技术要素参与分配是一项探索性工作，是一项带有方向性的系统工程，需要完善成果转化和收益分配，努力构建和形成企业间合理高效的技术转移机制，激励和支持自主创新成果转化。运用多种方式，推动企业灵活采用年薪制、人才协议工资制、项目工资制等鼓励创新的分配形式，推进创新和产权制度的结合、创新和资本市场的结合，实现收入激励方式多元化。

建立专家、科技研究人员、高技能人才分类评价体系。对专家的评价，将立项验收把关、项目研究指导、成果后评价情况等纳入考核。对于科技研究人员，结合具体项目成果评价结果，参照其在该项目研究中担任的角色，评价其价值贡献。对高技能人才，突出服务生产的特点，侧重对技能攻关、成果推广应用等工作的评价，根据具体承担的工作任务，评价其价值贡献。

3. 成果权益共享, 研究制定科技创新人员与单位间的权益共享机制

确定科技创新人员对专利、技术等成果所有权和使用权的范围、期限及收益分配比例；共担风险，共享利益，探索成果应用合作机制，科研单位提供技术，与生产单位共同开展推广应用，双方共享收益，可考虑通过绩效考核加分或专项奖励的形式体现。

4. 探索完善技术要素参与企业收益分配的方式

分享方式的选择很大程度上取决于绩效评价体系的科学性和合理性。国有企业的收益分配制度要体现出国有产权与私有产权的平等性，处理好国家、企业、个人各分配主体间的利益关系。进一步深化企业产权制度改革，配套进行企业内部的分配制度改革，为技术要素参与收益分配创造良好条件。根据不同劳动岗位的特点，采

用和实行不同的劳动分配形式，如科技项目责任承包、项目指标承包等，使企业分配形式体现出按劳分配、按创新要素分配、按技术分配的特点。

三、探索科技市场改革示范区建设的配套激励政策

(一)科研生产一体化项目承包与超额利润激励分配

由企业根据生产与产品开发的要求提出科技研究项目，提供科研经费，并提出相应要求，与技术劳动者签订科技项目承包合同。这一方式在企业与大学、科研机构的合作过程中出现频率比较高。项目承包往往因为项目新增效益较迟，导致科技人才获取奖励滞后，对调动科技人员积极性的效果不是很明显。

切实抓好天然气产业科研生产一体化管理试点。突出"协同创新、风险共担、利益共享"的原则，强化科研和生产单位的有机融合，加快推进致密气快速建产和规模效益开发，打造科研生产一体化样板。项目管理实行指标任务和项目经费"双包干"。攻关期间项目成员绩效收入与项目指标完成情况挂钩，形成共扛指标、共享效益的科研生产一体化运行模式。在总结经验基础上，探索建立重大技术现场试验项目绩效考核与激励政策。

(二)探索创新联合体科技成果转化激励奖金在成本中列支

与院校创新联合体分享应用基础研究成果创新创效收益。深入研究《全国人民代表大会常务委员会关于修改〈中华人民共和国促进科技成果转化法〉的决定》和地方政府促进科技成果转化条例等政策，在科研院所实施特区试点，探索科技成果转化创效激励奖金在成本中列支，并提高奖励比例，以此激发科研人员创新创效的积极性。

（三）创新成果转让和有偿技术服务利润提成

通过一次性支付报酬购买技术成果使用权或买断技术成果使用权，对各种技术服务支付相应报酬。由于技术转让后在后期转化过程中存在风险，一次性转让的价值评估难度较大，所以更多的企业在技术转让中采用的是先交一定的入门许可费，成果产生效益后再采用利润提成的方式。

（四）探索技术入股与分红

科技型企业可以探索以企业股权、科技成果转化收益、经营收益为标的，对激励对象实施中长期激励，包括股权出售、股权奖励、项目收益分红、岗位分红等方式。

鼓励技术成果作价入股。结合企业实际，依据《中华人民共和国专利法》和《中华人民共和国公司法》判断可操作的技术成果作价办法，让科技人员以其技术成果入股，成为公司股东。以技术入股的股东与其他股东具有同等的法律地位，按所持股份参与收益的分配。

对技术入股转化后的收益提成。技术成果经转化给企业带来利润的，提取其中一部分利润折成股份奖励给成果主要创造者，或者在一定年限内提取该成果所创造的部分利润，奖励给该项成果完成和转化的主要实施者。

鼓励技术分红。技术分红是指企业将其一定比例的利润分配给为企业技术创新做出重要贡献或者具有重要作用的技术人员。技术分红有现金分红和股权分红两种形式。实行技术分红既可以体现科技成果价值，又能将技术人员的利益与企业的利益紧密联系起来，是一个双赢的产权制度安排。

第三节 科技成果经济价值分享激励额度测算模型

一、科技成果经济价值分享激励额度测算模型构建思路与原则

(一)思路

随着国家创新驱动发展战略的提出,科技成果激励制度也开始受到关注,国家和各地方制定和修订了大量有关科技成果转化激励的政策法规。这些政策法规主要体现在 5 个方面:①下放科技成果转化处置权,科研单位对其持有的科技成果,可以自主决定转让、许可或者作价投资;②科技成果收益留归科研单位,在对成果完成、成果转化作出重要贡献的人员给予奖励和报酬后,收益主要用于科技研发与成果转化等相关工作;③大幅提高科研人员的奖励比例,科研人员奖励和报酬的最低标准由不低于转化收益的20%提高至50%;④分类改革,实施股权和分红激励,推动形成体现增加知识价值的收入分配机制,加快科技成果转化,激发科研院所活力;⑤进一步强化企业在成果转化过程中的主体地位。

分配方式的选择很大程度上取决于绩效评价体系的科学性和合理性。在评价指标设计中,要突出科技人员工作的长期性,科技人员对企业自主创新、核心技术的贡献。结合科技人员激励目标,将薪酬体系设计为包含职位工资、绩效工资、工龄工资以及奖金等。

天然气科技创新成果激励体系设计要遵循内部公平和效率优先相结合的基本原则,同时要兼顾外部竞争性。通过丰富激励方式,构建"基本工资＋绩效工资＋科技成果经济价值分配收益"的科技人员三元薪酬结构,整体提升科技人员收入水平。根据重点研究领域、重点学科和发展方向人才供求情况,从分配制度上进一步向科技一线、科

技关键岗位、科技业务骨干等倾斜。

　　总之,根据天然气产业发展战略要求,针对产业链各企业背景和不同发展阶段的需求,采用不同的利润分成额度、方式和形式,达到一个良性循环改进、可持续优化的分享策略。①确定可分享激励总额。②确定分享对象。企业可根据实际情况确定所要激励的对象,主要激励科技突出贡献者或优秀人才。③确定激励对象的绩效评估体系。④选择分配方式。企业可根据实际情况选择不同的利润分享方式,目前多为不同种类的现金发放、延期有条件兑现等方式。⑤确定利润分享方案。基于上述步骤制定利润分享方案,内容包括激励对象、总额度、分配依据、个体额度、兑现条件等。⑥实施方案。⑦评估方案。通过评估对方案进行适当改进,以便更有效地达到激励效果,保证方案的可行性。

(二)原则

　　经济价值分配是将技术价值链节点企业在一定时期内协同创造的收益按照特定的原则和方法在成员间进行合理的分配。收益分配是技术价值链节点企业产生合作意愿的基础,不公平的分配方案会导致消极合作,甚至导致价值共创联盟的瓦解,从而影响企业自身和供应链整体的运行。因此,企业在制定经济价值分享激励措施时要遵从以下原则。

1. 公平分配原则

　　技术价值链的收益是所有参与企业投入一定的资金、人力、技术资源共同努力的成果。每一个参与企业,无论规模大小、实力强弱,都有权利获得属于自己的收益。在分配收益时,应充分考虑各企业的投入情况,采取公平合理的方式,不仅要把"蛋糕做大",还要把"蛋糕分好",确保所有参与企业都有利可图,促进相互信任和供应链整体的长期高效、稳定。

2. 风险、投入与收益相匹配原则

在合作中承担更多风险、投入更多资源的企业应分配相对更多的收益，获得一定的风险补偿，这样才能使企业有共担风险的积极性。

3. 责任与权利相匹配原则

参与价值共创的企业在自身能力、参与积极性上都有较大差异。为了保证整体效益的最大化，需要在具备约束力的契约中明确各方的权利和责任，确保在发生冲突时有明晰的章法可循，避免互相推诿，提高协同效率。

二、科技成果经济价值分享激励额度测算模型构建

分配比例和分配方式是技术要素参与收入分配的两个关键要素，也是相关政策的核心内容所在。由于职务科技成果转化经济价值分享政策的复杂性与内在规律性，以及职务科技成果转化经济价值分配比例与科研人员激励力度并不存在简单的线性关系，因此天然气科技创新成果收益分享激励应执行《中华人民共和国促进科技成果转化法》确定的职务科技成果转化经济价值分配比例下限，尊重和发挥市场在职务科技成果转化中的主导作用。目前主要采用固定比例提取法、分段比例提取法和获利界限提取法，天然气产业链企业可根据自身的情况和所要达到的激励目的，针对不同的效益类型，选用不同的分享比例来提取可分享收益总额。

技术要素参与收入分配主要存在三种实施情形：①以技术转让方式将职务科技成果提供给他人实施转化的情形；②自行实施转化或者与他人合作实施转化的情形；③只考虑技术取得的收益直接分配的情形。企业的职务科技成果转化主要是前两种情形。

完成人分享激励额度=单项科技成果经济价值×完成人分享激励率

$$(7\text{-}1)$$

其中,

$$单项科技成果经济价值=科技成果收益分成基数$$
$$×科技创新收益分成率 \qquad (7\text{-}2)$$
$$完成人分享激励率=技术权益×完成人分配系数 \qquad (7\text{-}3)$$

将式(7-2)和式(7-3)代入式(7-1),得

$$完成人分享激励额度=科技成果收益分成基数×科技创新收益分成率$$
$$×技术权益×完成人分配系数 \qquad (7\text{-}4)$$

三、主要参数确定

(一)科技成果收益分成基数

天然气科技成果多数是职务科技成果,多属于自行实施转化或者与他人合作实施转化的情形,与事业单位的职务科技成果差异较大(表7-1)。天然气科技成果收益分享总额与上述不同收益类型的分配基数密切相关,具体测算参照增储和增产科技成果收益分成评估模型、其他收益分成评估模型等确定。按照科技成果类型,根据第五章相关内容,测算单项科技成果收益分成基数。

表 7-1　企业与事业单位职务科技成果对比

序号	对比项目	企业	事业单位
1	主体资格和设立资金的来源不同	企业属于企业法人,企业的成立资金是由出资者投入	事业单位属于事业法人,设立事业单位的资金主要是由国家拨款,或者是由国企以及事业单位筹措
2	设立主体和设立目的不同	企业是由出资者成立的,出资者设立企业的目的是通过经营获得利润、获取财富等	事业单位一般是由国家以及各级政府设立的,具有公益性质的单位,例如公立学校、医院、研究院等,事业单位不以营利为目的,主要是为社会提供服务
3	管理主体和管理方式不同	企业的管理除了国家的宏观管理外,主要是由企业出资人建立的管理部门进行管理	事业单位主要是由政府主管部门按照相应的行政规章制度进行管理
4	员工的身份不同	企业的员工没有事业编制,只是一般的员工	事业单位的员工有事业编制,当然也并不是全部都有,但是事业单位中的部分岗位可以通过事业单位考试获得事业编制

续表

序号	对比项目	企业	事业单位
5	职务科技成果	企业职务科技成果是指执行的工作任务，或者主要是利用企业的物质技术条件所完成的科技成果	事业单位职务科技成果是指执行高等院校、科研院所等单位的工作任务，或者主要是利用上述单位的物质技术条件所完成的科技成果； 国家对事业单位职务科技成果的激励制度较多，但产权归属仍是改革的难点

（二）科技创新收益分成率

对科技成果的技术创新性、先进性、复杂度与难度、成熟与完备程度进行评分，所有项的分值累加即为技术创新分成系数。根据第五章相关内容，测算单项科技成果的科技创新收益分成率。

（三）技术权益

1. 国家、部分地方政府和大学技术权益系数多为 50%～80%

技术权益指的是科技成果完成单位与其他单位合作进行科技成果转化的，依法由合同约定该科技成果有关权益归属的权利。《实施〈中华人民共和国促进科技成果转化法〉若干规定》（国发〔2016〕16 号）要求，国家设立的研究开发机构、高等院校制定转化科技成果收益分配制度时，要按照规定充分听取本单位科技人员的意见，并在本单位公开相关制度。依法对职务科技成果完成人和为成果转化作出重要贡献的其他人员给予奖励时，按照以下规定执行：①以技术转让或者许可方式转化职务科技成果的，应当从技术转让或者许可所取得的净收入中提取不低于 50%的比例用于奖励。②以科技成果作价投资实施转化的，应当从作价投资取得的股份或者出资比例中提取不低于 50%的比例用于奖励。③在研究开发和科技成果转化中作出主要贡献的人员，获得奖励的份额不低于奖励总额的 50%。④对科技人员在科技成果转化工作中开展技术开发、技术咨询、技术服务等活动给予的奖励，可按照促进科技成果转化法和本规定执行。

　　调研分析表明，国家和部分地方政府制定的促进科技成果转化的政策中技术权益比例有较大提升，多在 50%～70%（表 7-2）。部分省（区、市）遵照了促进科技成果转化法规定的职务科技成果转化经济价值分配比例下限，部分省（区、市）为加大科研人员激励力度，提高了经济价值分配比例下限。2016 年成都市出台了《促进国内外高校院所科技成果在蓉转移转化若干政策措施》，该文件对科技成果转化进行了初步规定，如发明人可享有不低于 70%的股权等。江西省在《关于深入实施创新驱动发展战略推进创新型省份建设的意见》中将职务科技成果转化收益分配比例提高到不低于 60%。山东省在《关于深入实施创新驱动发展战略的意见》中将职务科技成果转化收益分配比例确定为不低于 70%、不超出 95%。总之，我国职务科技成果转化收益分配比例是随着技术要素在经济社会发展中的作用增大而不断提高。

表 7-2　国家和部分地方政府促进科技成果转化的技术权益比例（%）

序号	政策名称	技术权益		
		技术转让或者许可所取得的净收入中提取比例	作价投资取得的股份或者出资比例中提取比例	主要贡献者获得奖励份额不低于奖励总额的比例
1	《中华人民共和国促进科技成果转化法》（2015 年 8 月 29 日修订）	≥50	≥50	50
2	《实施〈中华人民共和国促进科技成果转化法〉若干规定》（国发〔2016〕16 号）	≥50	≥50	50
3	《国有科技型企业股权和分红激励暂行办法》（财资〔2016〕4 号）	≥50	≥50	—
4	《北京市促进科技成果转化条例》（2019 年）	≥70	≥70	—
5	《上海市促进科技成果转化条例》（2017 年）	≥70	≥70	—
6	《黑龙江省促进科技成果转化条例》（2016 年）	≥70	≥70	—
7	《四川省促进科技成果转化条例》（2018 年）	≥70	≥70	—
8	《福建省进一步促进科技成果转移转化若干规定的通知》（闽政〔2016〕33 号）	≥50 或 ≥70	≥50 或 ≥70	—
9	《广东省促进科技成果转化条例》（2017 年）	≥60	≥60	—
10	《重庆市促进科技成果转移转化实施方案》（2017 年）	≥50	≥50	—

总体上,高校设定的技术权益比例较高,多在 60%～80%(表 7-3)。

表 7-3　部分高校促进科技成果转化的技术权益比例表

序号	管理办法	技术权益
1	《上海科技大学科技成果转化管理暂行实施细则》(2017 年)	科技成果完成人可得科技成果实施收益的 1/3,科技成果完成人所属单位可得科技成果实施收益的 1/3;学校所得占科技成果实施收益的 1/3
2	《合肥工业大学促进科技成果转移转化实施办法(试行)》(2015 年)	科技成果转移转化许可、转让收益,原则上按照 7∶1∶1∶1 确定完成人、学校、完成人所在学院、转移中心的分配比例;科技成果转移转化作价入股、创办企业,原则上按照作价股权的 80%股份用于奖励完成人
3	《暨南大学加快科技成果转化实施方案》(2018 年)	实施科技成果转化收益奖励,净收入的 85%奖励给成果完成人(团队);从作价投资取得的股份或者出资比例中提取 85%奖励给成果完成人(团队)
4	《重庆大学促进科技成果转化管理办法(试行)》(2016 年)	成果完成人奖金不高于总经费的 60%,其余部分为成果完成人科研发展基金;80%股权归成果完成人,20%股权由学校资产经营公司持有并负责管理
5	《西南交通大学职务科技成果转化实施细则(试行)》(2018 年)	对没有分割确权的科技成果,学校从可分配收益中提取 70%奖励给完成人
6	《福建农林大学科技成果转化管理办法(修订)》(2020 年)	成果完成人享有转让净收益 75%的奖励;作出重要贡献的人可享有科技成果入股时作价金额 75%的股份

2. 政府和高校与天然气产业科技成果的技术权益差异较大

政府和高校所激励的科技成果已经确权,依法由合同约定该科技成果有关权益的归属,科技成果形成过程中技术生产要素的贡献占主导地位。其中,科技成果收益分成的基数相当于上述天然气产业链中单项科技成果的经济价值。天然气产业科技成果类型主要包括增储类、增产类、输气类、储采类、用气类、其他增效类 6 种,其技术要素分配系数的功能在于对生产要素中的技术要素价值贡献进行分割,而不是对技术权益进行分配(表 7-4)。因此,还应根据天然气产业科技成果收益类型和权益约定,确定技术权益系数。

表 7-4　科技成果收益分成率与科技成果转化技术权益系数的区别

序号	项目	科技成果收益分成率	科技成果转化技术权益系数
1	内涵	科技成果收益分成率指的是应用科技成果经济价值收益分成法时,被评估科技成果在收益分成基数中所占的比例,其值为技术要素分成系数、技术层级分成系数和技术创新分成系数三者的乘积	科技成果转化技术权益系数指的是按照科技成果转化约定成果完成人在成果让收益中的分配比例,其值为科技成果转化权益与该项科技成果转化的营业利润之比
2	原理	基于科技分享理论和生产要素贡献大小,合理规范进行科技成果收益分成	基于科技成果产权相关制度或合约规定,确定科技成果转化技术权益系数
3	功能	定量解决技术要素收益与其他生产要素间、科技成果间的收益分配关系	定量解决科技成果完成人与企业间的权益分配关系

因天然气产业科技成果技术要素系数在价值功能上反映了技术权益比重,增储类、增产类、储气类、用气类等收益大,而企业其他生产要素资源投入也大,收益与资源禀赋关联度很高,主要来自企业主营业务。故以产业链每个业务环节的技术要素下限值作为技术权益系数,将表 5-3、表 5-5、表 5-7、表 5-9、表 5-11、表 5-13,归集为表 7-5。

表 7-5　天然气产业链技术要素与技术权益系数参考表

收益类型	技术要素分布	技术要素分配系数	技术权益
增储类	常规气藏	0.40～0.45	0.40
	非常规气藏	0.45～0.50	0.45
增产类	新区开发(常规～非常规)	0.30～0.45	0.30
	老区开发(常规～非常规)	0.30～0.35	0.30
输气类	干线管道	0.35	0.35
	支线管道	0.30	0.30
储气类	枯竭气藏型储气库	0.40	0.40
	盐穴型储气库	0.30	0.30
用气类	城镇燃气	0.25	0.25
	天然气发电	0.30	0.30
	交通燃料	0.30	0.30
	工业燃料	0.25	0.25
其他增效类	降本增效	50%	50%
	技术服务	60%	60%
	技术交易	70%	70%
	新产品类	60%～70%	60%

(四)完成人分配系数

完成人分配系数,指的是在合同约定的技术权益分配基础上,成果完成人的收益分配比例。针对天然气产业链,其主控因素有4方面:①国家科技激励政策和行业科技激励发展水平;②科技创新成果分享收益总额;③收益总额动用天然气产业链资源程度;④天然气产业链激励文化发展水平。

需特别提出的是,天然气科技成果多数是职务科技成果,除了其他增效类科技成果的部分技术确权外,绝大部分科技成果属于企业自行实施转化或者与他人合作实施转化的情形,几乎未对完成人进行技术确权。因科技成果属于国有,不应把上述技术权益系数作为天然气产业科技成果完成人分配系数,需要天然气产业链内部建立内控制度或合同对科技成果完成人分配系数加以约定。

按照"二八定律",国家、上级主管部门及其相关合作单位与完成人(项目组)的权益比重为80%:20%。在技术权益确定的前提下,不同科技成果收益类型完成人分配的最高参考比例,可以通过内部控制制度或合同进行约定(表7-6)。

表7-6　天然气产业链技术权益确定下科技成果完成人分享激励率(最高)参考表

收益类型	技术要素分布	技术权益/%	完成人分配比例/%	完成人分享激励率/%
增储类	常规气藏	40	15	6.0
	非常规气藏	45	15	6.8
增产类	新区开发(常规~非常规)	30	15	4.5
	老区开发(常规~非常规)	30	15	4.5
输气类	干线管道	35	15	5.3
	支线管道	30	15	4.5
储气类	枯竭气藏型储气库	40	15	6.0
	盐穴型储气库	30	15	4.5
用气类	城镇燃气	25	15	3.8
	天然气发电	30	15	4.5

收益类型	技术要素分布	技术权益/%	完成人分配比例/%	完成人分享激励率/%
用气类	交通燃料	30	15	4.5
	工业燃料	25	15	3.8
其他增效类	降本增效	50	20	10.0
	技术服务	60	20	12.0
	技术交易	70	20	14.0
	新产品类	60	20	12.0

并且，根据收益与资源禀赋关联度和收益大小级序，采用阶梯式最终确定完成人分配比例，对增储、增产、输气、储气、用气等收益类，因收益大而企业资源投入大，收益与资源禀赋关联度很高，主要来自企业主营业务。根据技术权益确定可分配总收益，按照大、中、小的贡献度，完成人分享激励比例分别乘以100%、80%、70%。对其他增效类，因收益较大而企业资源投入较大，收益与资源禀赋关联度不高，主要来自其他增效业务。根据技术权益确定可分配总收益，按照大、中、小的贡献度，完成人分享激励比例分别乘以100%、80%、70%。

根据《实施〈中华人民共和国促进科技成果转化法〉若干规定》(国发〔2016〕16号)，以技术转让或者许可方式转化职务科技成果的，应当从技术转让或者许可所获得的净收入中提取不低于50%的比例用于奖励；以科技成果作价投资实施转化的，应当从作价投资取得的股份或者出资比例中提取不低于50%的比例用于奖励；在研究开发和科技成果转化中作出主要贡献的人员，获得奖励的份额不低于奖励总额的50%。而高校科技成果转移转化许可、转让收益，原则上按照7:1:1:1确定完成人、学校、完成人所在学院、转移中心的分配比例，完成人分享比例为70%。田永坡等(2015)认为，在技术要素参与收入分配的比例上，将职务科技成果提供给他人实施转化的情形下，个人所占的比例以20%~30%居多。在自行实施转化或者与他人合作实施转化的情形下，用于奖励该项科技成果完成者和转化实施者的比例为 5%～10%。表 7-6 中完成人分享激励率的分布与其研究分析结果趋近。

《中国石油天然气集团公司科技成果转化创效奖励办法》规定，对通过科技新产品销售创造直接经济效益的人员，奖金计提标准为，每年从该项科技成果转化的营业利润中提取 5%的比例(向集团公司外部转化创效的，按 7.5%的比例提取)。

第八章　天然气产业链科技成果经济价值评估实证

第一节　单项增储和增产类科技成果经济价值评估

一、X 缝洞型储层地球物理评价技术

(一)科技成果创新简介

通过 5 年的持续技术攻关、应用,填补了国内复杂 X 缝洞型储层地球物理评价的空白,多项关键技术获得重大突破:①小尺度缝洞储集体井控高分辨率地震高精度成像技术;②复杂碳酸盐岩岩石物理建模及地震响应特征识别技术;③小尺度缝洞储集体地震精细预测技术;④小尺度缝洞有效性评价及复杂碳酸盐岩储层产能预测技术。项目成果总体技术水平达到国际领先水平,对国内其他探区的复杂碳酸盐岩小尺度缝洞型油气勘探具有重要的指导意义。项目授权国家发明专利 3 件,受理国家发明专利 7 项,获得国家软件著作登记权 4 项。

(二)增储科技成果经济价值评估参数确定

1. 增储净现值

根据《X 储层新增探明储量计算》报告,气藏计算新增含气面积 411.15km^2,总天然气探明地质储量 2170.81 亿 m^3,新增总天然气探明技术可采储量 1447.93 亿 m^3。累计财务净现值 316431 万元。

2. 增储技术要素分配系数

应用该科技成果的气藏属于常规油气藏类，按照表 5-4 提取非技术要素(F_f)指标价值指数(表 8-1)，代入式(5-9)计算技术要素分配系数。因该成果属于常规气藏并处于勘探早期，$H=1.0$，勘探开发技术要素分配系数：

$$Y_R = \left[1-(F_Z+F_L+F_G)\right]H = (1-F_f)H = (1-58\%)\times 1.0 = 42\%$$

$$F_f = Z_b + G_b + L_b \approx S_{Zg} + S_{Zf} + S_{Lw} + S_{Lm} + S_{Zn} + S_{Lp}$$
$$= 20\% + 14\% + 8\% + 4\% + 8\% + 4\% = 58\%$$

表 8-1　勘探非技术要素级别与权重表

非技术子要素(S)类型	子要素级别/权重/%			
1. 天然气储量规模(S_{Zg})	特大型/20	大型/17	中型/14	小型/11
天然气可采储量/10^8m^3	≥2500	250~<2500	25~<250	2.5~<25
2. 天然气储量丰度(S_{Zf})	高/17	中/14	低/11	特低/8
天然气可采储量丰度/(10^8m^3/km^2)	≥8	2.5~<8	0.8~<2.5	<0.8
3. 天然气储层物性(S_{Lw})	特高/14	高/11	中/8	低/6
(1)储层孔隙度	特高	高	中	低
碎屑岩孔隙度/%	≥30	25~<30	15~<25	10~<15
非碎屑岩基质孔隙度/%	≥15	10~<15	5~<10	2~<5
(2)储层渗透率	特高	高	中	低
气藏空气渗透率/mD	≥500	100~<500	10~<100	1~<10
4. 气产层埋深(S_{Lm})	中浅层/11	中深层/8	深层/6	超深层/4
气藏中部埋藏深度/m	500~<2000	2000~<3500	3500~<4500	≥4500
5. 天然气开发产能(S_{Zn})	高/8	中/6	低/4	特低/1
气藏千米井深稳定产量/[10^4m^3/(km·d)]	≥10	3~<10	0.3~<3	<0.3
6. 天然气品质类型(S_{Lp})	高或中/5	较低/4	低/2	特低/0
天然气硫化氢含量/(g/m^3)	<0.02	0.02~<5	5~<30	≥30

3. 增储技术级序分配系数

根据科技成果创新点，按照表 3-1 进行赋权，结果见表 8-2。依据式(5-10)测算增储技术级序分配系数：

$$J_R = \Sigma \left[J_{Ri} \times \Sigma (J_{Rij} \times \Sigma J_{Rijm}) \right] = 0.20 \times 0.6 \times 1 = 0.12$$

表 8-2 天然气勘探一级、二级、三级技术价值指数建议表

一级技术名称(J_{Ri})/价值指数	二级技术名称(J_{Rij})/价值指数	三级技术名称(J_{Rijm})/价值指数	备注
物化勘探工程/0.20	非地震勘探/0.10	0	
	二维地震勘探/0.30	0	
	三维地震勘探/0.60	1	创新点：①②③④

4. 增储技术创新分配系数

根据科技成果技术创新评价指标，由表 5-1 获取评价等级和分数，结果见表 8-3，代入式(5-6)，测算技术创新分配系数：

$$T_R = (A_1 + A_2 + A_3 + A_4 + A_5)/5 = (95 + 85 + 85 + 90 + 90)/100/5 = 0.89$$

表 8-3 技术创新分配系数评价表

评价指标	评价等级	评价分数	
A_1 技术创新程度	有重大突破或创新，且完全自主创新	90～<100	
	有明显突破或创新，多项技术自主创新	60～<90	95
	创新程度一般，单项技术有创新	<60	
A_2 技术经济指标的先进程度	达到同类技术领先水平	90～<100	
	达到同类技术先进水平	60～<90	85
	接近同类技术先进水平	<60	
A_3 技术难度和复杂程度	在自创的理论、模型等支撑下得以实现	90～<100	
	引入跨领域的技术得以实现	60～<90	85
	在现有技术基础上的改进	<60	
A_4 技术重现性和成熟度	已实现规模化生产，成果的转化程度高	90～<100	
	已实际生产，成果的转化程度较高	60～<90	90
	技术基本成熟完备	<60	

续表

评价指标	评价等级		评价分数
A_5 技术创新对推动科技进步和提高市场竞争能力的作用	显著促进行业科技进步，市场需求度高，具有国际市场竞争优势	90~<100	90
	推动行业科技进步作用明显，市场需求度高，具有国内市场竞争优势	60~<90	
	对行业推动作用一般，有一定市场需求与竞争能力	<60	
总分(ΣA_i):			445

(三)单项增储科技成果经济价值测算

根据式(5-8)，单项增储科技成果经济价值分配率(F_R):
$$F_R = Y_R J_R T_R = 42\% \times 12\% \times 89\% \doteq 4.49\%$$
依据收益分成法，单项增储科技成果经济价值:
$$R_{NPV} = NPV_i \times F_R = 316431 \times 4.49\% \doteq 14207.75(万元)$$

因此，该科技成果应用在 X 储层，新增探明可采储量 2170.81 亿 m^3，净现值 316431 万元;科技成果增储技术要素分配系数为 42%，增储技术级序分配系数为 12%，增储技术创新分配系数为 89%，科技成果经济价值分配率为 4.49%。单项增储科技成果经济价值为 14207.75 万元。

二、X 储层勘探评价理论技术创新与万亿立方米规模增储

(一)科技成果创新简介

针对 X 储层钻井深度大、多压力系统，气藏高温、高压、缝洞发育等地质特点，形成了井身结构设计优化、"个性化钻头+长寿命螺杆+优质钻井液"提速、高压气井尾管防窜固井、裸眼封隔器分段酸化压裂 4 项勘探配套主体工艺技术;揭示了 X 储层迁移分布规律，明确了不同区块储层发育特征，以及气藏产能的地质主控因素，指出了优质储层地质特征及其展布规律;创建了储层定量预测技术体系，优质孔洞储层精细刻画技术取得突破;研发了适合 X 储层地质特点的钻完井和试油配套工艺技术，保障高效勘探。

(二)单项增储科技成果经济价值评估

1. 增储科技成果经济价值评估参数确定

(1)增储净现值。2018～2019 年 X 储层新增探明地质储量 1281.16 亿 m³，新增控制储量 523.84 亿 m³。新增控制储量类比区块平均单位净现值为 96.38 万元/亿 m³，按照类比法计算该区块净现值为 81797.7 万元。

(2)增储技术要素分配系数。根据表 5-3，该科技成果应用于常规气田，增储技术要素分配系数为 0.4(表 8-4)。

表 8-4　增储技术要素分配系数建议表

气藏类型	技术要素分配系数	备注
常规气藏	0.40～0.45	√
非常规气藏	0.45～0.50	

(3)增储技术级序分配系数。根据科技成果创新点，按照表 3-1 进行赋权，结果见表 8-5。依据式(5-10)测算增储技术级序分配系数：

$$J_R = \Sigma[J_{Ri} \times \Sigma(J_{Rij} \times \Sigma J_{Rijm})]$$
$$= 0.25 \times (0.4 \times 0.4 + 0.3 \times 0.6) + 0.2 \times 0.6 \times 0.8 + 0.2 \times 0.3 \times 1 = 0.241$$

表 8-5　天然气勘探一级、二级、三级技术价值指数建议表

一级技术名称(J_{Ri})/价值指数	二级技术名称(J_{Rij})/价值指数	三级技术名称(J_{Rijm})/价值指数	备注
勘探地质工程/0.25	地质研究/0.40	0.4	创新点①
	地质评价/0.30	0	
	勘探部署/0.30	0.6	创新点②
物化勘探工程/0.20	非地震勘探/0.10	0	
	二维地震勘探/0.30	0	
	三维地震勘探/0.60	0.8	创新点③
勘探钻完井工程/0.20	勘探钻井/0.40	0	
	勘探完井/0.30	1	创新点④
	勘探井下作业/0.30	0	

(4)增储技术创新分配系数。根据科技成果技术创新评价指标，由表 5-1 获取评价等级和分数，代入式(5-6)，测算技术创新分配系数：

$$T_R = (A_1 + A_2 + A_3 + A_4 + A_5)/5$$
$$= (90+80+80+85+90)/100/5 = 0.85$$

(5)单项增储科技成果经济价值分配率。根据式(5-8)，单项增储类科技成果经济价值分配率(F_R)：

$$F_R = Y_R J_R T_R = (0.40 \times 0.241 \times 0.85) \times 100\% = 8.194\%$$

2. 单项增储科技成果经济价值

依据收益分成法，单项增储科技成果经济价值：

$$R_{NPV} = NPV_i \times F_R = 81797.7 \times 8.194\% \doteq 6702.50(万元)$$

因此，该科技成果 2018～2019 年应用于 X 储层新增探明地质储量 1281.16 亿 m³，新增控制储量 523.84 亿 m³，净现值为 81797.7 万元；增储技术要素分配系数为 0.4，增储技术级序分配系数为 0.241，增储技术创新分配系数 0.85，增储科技成果经济价值分配率为 8.194%，经济价值为 6702.5 万元。

(三)单项增产科技成果经济价值评估

1. 增产科技成果经济价值评估参数确定

(1)增产净利润。2017～2019 年 X 储层新增天然气销售量 41.4 亿 m³，从 2017～2019 年已开发油气田效益评价系统中提取 X 储层效益评价数据，该区块增产净利润为 193882.05 万元。

(2)增产技术要素分配系数。根据表 5-5，该科技成果应用于新区常规气藏，$H=1$，增产技术要素分配系数为 0.30。

(3)增产技术级序分配系数。依据科技成果创新点，在表 3-2 中获取对应赋权测算增产技术级序分配系数，结果见表 8-6。根据式(5-14)：

$$J_P = \Sigma\left[J_{Pi} \times \Sigma(J_{Pij} \times \Sigma J_{Pijm}) \right]$$
$$= 0.20 \times 0.3 \times 0.8 + 0.15 \times 0.3 \times 0.8 + 0.15 \times 0.4 \times 0.8 = 0.132$$

表 8-6　一级、二级、三级开发技术级序价值指数赋权建议表

一级技术名称(J_{Pi})/价值指数	二级技术名称(J_{Pij})/价值指数	三级技术名称(J_{Pijm})/价值指数	备注
气藏地质/0.20	开发地质建模/0.40	0	
	储集层描述/0.30	0	
	开发地质评价/0.30	0.8	创新点①
开发钻完井工程/0.15	开发钻井/0.40	0	
	开发完井/0.30	0.8	创新点②
	开发井下作业/0.20	0	
	开发测试/0.10	0	
采气工程/0.15	气田开发设计/0.30	0	
	采气工艺/0.30	0	
	增产改造/0.40	0.8	创新点③

(4)增产技术创新分配系数。根据科技成果技术创新评价指标,由表 5-1 获取评价等级和分数,代入式(5-6),测算技术创新分配系数:

$$T_P = (A_1 + A_2 + A_3 + A_4 + A_5)/5 = 0.9$$

(5)单项增产科技成果经济价值分配率。根据式(5-12),单项增产类科技成果经济价值分配率(F_P):

$$F_P = Y_P J_P T_P = (0.3 \times 0.132 \times 0.9) \times 100\% = 3.564\%$$

2. 单项增产科技成果经济价值

依据收益分成法,单项增产科技成果经济价值=区块(井组)增产净利润×单项增产科技成果经济价值分配率=193882.05×3.564%≐6909.96(万元)

因此,该科技成果 2017~2019 年应用于 X 储层新增天然气销量 41.4 亿 m³,净利润为 193882.05 万元;增产技术要素分配系数为 0.3,增产技术级序分配系数为 0.132;增产技术创新分配系数 0.9,增产经济价值分配率为 3.564%。单项增产科技成果经济价值为 6909.96 万元。

第二节　单项储气类科技成果经济价值评估

一、X储层天然气地下储气库成套技术

(一)科技成果创新简介

本成果有四项创新:第一,圈闭动态密封理论和库容分区动用方法,所含创新点为①~④;第二,适应复杂交变载荷工况的钻完井技术,所含创新点为⑤~⑧;第三,高压大流量储气库地面核心技术与装备,所含创新点为⑨~⑪;第四,储气库风险评价与控制关键技术,所含创新点为⑫。其中2项创新国际领先、2项创新国际先进(表8-7)。

表8-7　X储层天然气地下储气库成套技术主要技术指标水平

技术内容	本成果技术指标及水平	国外同类技术水平	水平对比
圈闭动态密封理论和库容分区动用方法	首次提出"毛管突破、承压破坏、交变疲劳、扰动滑移"圈闭密封失效判定模式,构建了以"动态突破压力、滑移趋势指数"为核心的指标体系	主要采用地质静态方法评价圈闭密封性,主要评价指标为突破压力和最小水平主应力	国际领先
	创建了流体捕集、相变等多因素耦合的库容分区计算模型,精度较国外方法提高20%;创建了储气库短期高速不稳定流数学模型,建立了井控半径与采气速度、渗透率关系图版,库容利用率由70%提高至90%以上	主要采用传统气藏压降法设计库容参数指标,不考虑分区差异动用和多轮相渗滞后效应	
适应复杂交变载荷工况的钻完井技术	复合凝胶堵漏材料由高强度无机内核和有机外壳组成,具有吸水膨胀和氢键吸附性能,超低压地层堵漏一次成功率80%以上	哈里伯顿公司类似产品仅具备吸水膨胀性能	国际领先
	晶须纳米高强低弹模韧性水泥浆抗压强度、耐温差、稳定性等指标优于国外同类产品,成功应用温差100℃、水泥石抗压50MPa	斯伦贝谢水泥浆成功应用温差60℃、水泥石抗压28MPa	
高压大流量储气库地面核心技术与装备	大功率高压往复式压缩机组:功率6000kW、机身振动值4.58mm/s、能耗802kW·h/10^4m^3	世界领先(美国Ariel公司):功率5800kW、机身振动4.64mm/s、能耗823kW·h/10^4m^3	国际先进
	大口径高钢级双金属复合管:水下爆燃制管技术管径D660(最大可达D1210)、结合强度振动模态无损检测、效率10根/h	世界领先(德国Butting公司):水压复合制管技术最大管径D610、结合强度破坏性检测、效率2根/h	
储气库风险评价与控制关键技术	首次创建了拉伸/压缩交替变化下管柱密封评价准则,管柱剩余寿命预测基于理论推导,适用范围广	国外无密封准则,管柱剩余寿命预测基于经验公式,适用管径139.7mm和177.8mm	国际先进
	油套管螺纹连接气密封检测装备精度1.0×10^{-8}Pa·m^3/s,超声波泄漏检测工具垂向检测精度0.1m	与国际同类技术检测精度相当	

(二)单项储采气科技成果经济价值评估

1. 单项储采气科技成果经济价值评估参数确定

增量调峰气量净利润。2013~2023 年 X 储气库调峰气量 145.7 亿 m³，单位总成本 0.307 元/m³，净利润合计 27.79 亿元。

预计 2024~2025 年每年天然气调峰气量 22.8 亿 m³，2026~2039 年每年天然气调峰气量 26 亿 m³，按照集团公司要求单位储转费控制在 0.6 元/m³ 以下，2024~2039 年预计财务净利润为 94.14 亿元。

(1)储采气技术要素分配系数。X 储气库属于枯竭气藏型储气库，处于运行早期阶段，依据表 5-9,储气库储采气技术要素分配系数为 0.4。

(2)储采气技术级序分配系数。根据储采气科技成果创新点，依据表 3-5 进行赋权，结果见表 8-8，代入式(5-24)：

$$J_Z = \Sigma\left[J_{Zi} \times \Sigma(J_{Zij} \times \Sigma J_{Zijm})\right]$$
$$= 0.20 \times (0.3 \times 0.9 + 0.4 \times 0.9) + 0.20 \times (0.4 \times 0.8 + 0.35 \times 0.85) + 0.10$$
$$\times (0.35 \times 0.6 + 0.4 \times 0.6) + 0.15 \times (0.30 \times 0.65 + 0.4 \times 0.7 + 0.3 \times 0.75)$$
$$+ 0.05 \times (0.4 \times 0.78 + 0.35 \times 0.75) + 0.05 \times 0.25 \times 0.75 = 0.4376$$

表 8-8 一级、二级、三级储气库技术级序与价值指数赋权建议表

一级技术名称(J_{Zi})/价值指数	二级技术名称(J_{Zij})/价值指数	三级技术名称(J_{Zijm})/价值指数	备注
建库地质工程/0.20	地质研究/0.30		
	地质评价/0.30	0.9	创新点①
	建库方案/0.40	0.9	创新点②
气藏工程/0.20	气藏物探/0.25		
	气藏评价/0.40	0.8	创新点③
	气藏运行/0.35	0.85	创新点④
钻完井工程/0.10	钻井工程/0.25		
	完井工程/0.35	0.6	创新点⑤
	老井工程/0.40	0.6	创新点⑥

一级技术名称(J_{Zi}) /价值指数	二级技术名称 (J_{Zij})/价值指数	三级技术名称(J_{Zijm}) /价值指数	备注
注采气工程/0.15	注采评价/0.30	0.65	创新点⑦
	注采方案/0.40	0.7	创新点⑧
	注采运行/0.30	0.75	创新点⑨
监测工程/0.05	气藏监测/0.40	0.78	创新点⑩
	井筒监测/0.35	0.75	创新点⑪
	地面工程监测/0.25		
完整性工程/0.05	地质体完整性/0.25		
	气藏工程完整性/0.25	0.75	创新点⑫
	钻完井工程完整性/0.15		
	注采气工程完整性/0.20		
	地面工程完整性/0.15		

（3）储采气技术创新分配系数。根据科技成果技术创新评价指标，由表 5-1 获取评价等级和分数，代入式（5-6），测算技术创新分配系数：

技术创新分配系数 $T_Z=(A_1+A_2+A_3+A_4+A_5)/5=470/100/5=0.94$

（4）单项储采气科技成果经济价值分配率。根据式（5-22），单项储气类科技成果经济价值分配率（F_S）：

$$F_Z=Y_ZJ_ZT_Z=(0.40×0.4376×0.94)×100\% \doteq 16.45\%$$

2. 单项储采气科技成果经济价值

依据收益分成法，单项储采气科技成果经济价值：

单项储采气科技成果经济价值＝储采气项目净利润×单项储采气科技成果经济价值分配率＝27.79×16.45% ≐ 4.57（亿元）

单项储采气科技成果预期经济价值＝储采气项目预期净利润×单项储采气科技成果经济价值分配率＝94.14×16.45%＝15.49（亿元）

因此，2013～2023 年，该科技成果应用于 X 天然气地下储气库，调峰气量 145.7 亿 m³，储采气技术要素分配系数为 0.4，技术级序分配系数为 0.4376，技术创新分配系数 0.94。单项储采气科技成果经济价值分配率为 16.45%，经济价值为 4.57 亿元。

预计 2024～2025 年每年天然气调峰气量 22.8 亿 m³，2026～2039年每年天然气调峰气量 26 亿 m³，按照集团公司要求单位储转费控制在 0.6 元/m³ 以下，2024～2039 年预计财务净利润为 94.14 亿元。按照科技成果调峰增量经济价值分配率 16.45%进行测算，预计经济效益为15.49 亿元。

二、油气管道超长距离穿越和大跨度悬索跨越关键技术及应用

(一)科技成果创新简介

发明了盾构隧道柔性管片(连接)及其防水方法，形成了油气管道强震区超高水压条件下的抗震及防水体系，强震作用下防水能力由0.72MPa 提高到 2MPa，工程应用达到 1.2MPa。

发明了油气管道大跨度窄柔悬索跨越高精度风洞试验方法及试验装置，首次揭示了窄柔悬索跨越结构风致振动机理，并指导形成了大跨度悬索跨越结构风振控制方法，提升了油气管道工程防灾减灾能力。

首次揭示了水平定向钻泥浆成分、黏度、流速等因素对钻屑运移效率的影响规律，研发了适用于超长距离水平定向钻穿越的反循环钻进方法及核心技术装备。

统一油气管道穿越江河设计和施工方法，建立了油气管道非开挖和悬索跨越系列国家工程标准，保障了中国油气管道工程的建设质量和安全运营。

(二)单项输气科技成果经济价值评估

1. 单项输气科技成果经济价值评估参数确定

(1)净利润。该成果应用项目在 2014～2021 年实际管输量 14.71 亿 m^3,实现营业收入 18900 万元,净利润 3445 万元。2022～2043 年预计管输量 103.51 亿 m^3,预计收入 114050 万元,预计净利润 59197 万元。

(2)技术要素分配系数。该成果属于干线管道新线建设,依据表 5-7、表 5-8 和式(5-18),输气技术要素分配系数为 0.35。

(3)技术级序分配系数。根据输气科技成果创新点,依据表 3-3 进行赋权,结果见表 8-9,代入式(5-19):

$$J_S = \Sigma\left[J_{Si} \times \Sigma(J_{Sij} \times \Sigma J_{Sijm})\right]$$
$$= 0.25 \times 0.3 \times 0.75 + 0.1 \times 0.4 \times 0.8 + 0.15 \times 0.4 \times 0.6 + 0.1 \times 0.4 \times 0.8$$
$$= 0.15625$$

表 8-9　一级、二级、三级长输管道技术级序与功能价值系数赋权建议表

一级技术名称(J_{Si}) /价值指数	二级技术名称(J_{Sij}) /价值指数	三级技术名称(J_{Sijm}) /价值指数	备注
管道工程设计施工/0.25	管道设计/0.40		
	管道生产/0.30		
	管道施工/0.30	0.75	创新点①
检测与维抢修工程/0.10	管道监测/0.40	0.8	创新点②
	管道腐蚀与保护/0.30		
	管道维抢修/0.30		
管道装备工程/0.15	管道机械/0.40	0.6	创新点③
	管件与材料/0.30		
	管道信息装备/0.30		
管道完整性工程/0.10	完整性检测/0.40	0.8	创新点④
	完整性评价/0.30		
	完整性管理/0.30		

（4）技术创新分配系数。根据科技成果技术创新评价指标，由表 5-1 获取评价等级和分数，代入式(5-6)，测算技术创新分配系数：

技术创新分配系数 $T_S=(A_1+A_2+A_3+A_4+A_5)/5=430/100/5=0.86$

（5）科技成果经济价值分配率。根据式(5-17)，单项长输管道输气类科技成果经济价值分配率(F_S)：

$$F_S = Y_S J_S T_S = (0.35 \times 0.15625 \times 0.86) \times 100\% \doteq 4.70\%$$

2. 单项输气科技成果经济价值

依据收益分成法，单项输气科技成果经济价值：

单项输气科技成果经济价值＝输气项目净利润×单项输气科技成果经济价值分配率＝3445×4.70%＝161.915（万元）

单项输气科技成果预期经济价值＝输气项目预期净利润×单项输气科技成果经济价值分配率＝59197×4.70%＝2782.259（万元）

因此，该科技成果 2014～2021 年在西南某地区供气管道工程 14.71 亿 m^3，技术要素分配系数为 0.35，技术级序分配系数为 0.15625；技术创新分配系数 0.86。科技成果经济价值分配率为 4.70%，经济效益为 161.915 万元。预计 2022～2043 年每年天然气管输量 103.51 亿 m^3，预计财务净利润为 59197 万元。按照科技成果调峰增量经济价值分配率 4.70%进行测算，预计经济效益为 2782.259 万元。

第三节　单项用气类科技成果经济价值评估

一、车用 CNG 项目技术成果经济价值评估

（一）科技成果创新简介

某市拟建一座 CNG 加气站，该站由 1 座加气母站和 6 座加气子站构成。

母站距某分输站 130m，主要为该城市提供压缩天然气。加气站气源来自分输站，用地面积共 19.75 亩(1 亩≈666.67m²)。母站建设规模为生产压力 25MPa 的压缩天然气 30×10⁴m³/d，包括日处理气量 6.4×10⁴m³ 的撬装式天然气压缩机组 5 套，8000m³/h 天然气脱水装置 3 套，撬装计量装置 2 套，4500m³/h 高压加气柱 5 套，中压加气站 1 套及配套装置，高压 CNG 槽车 14 辆，中压 CNG 槽车 6 辆，牵引车头 8 座，总建筑面积 1267.37m²。

加气子站位于城市市区规划的不同区域内，单座站建设规模 1.5×10⁴m³/d，气源为该市 CNG 加气母站。

(二)单项交通燃料科技成果经济价值评估

1. 单项交通燃料科技成果经济价值评估参数确定

(1)净利润。该项目 2015～2021 年营业收入 72067 万元，总成本费用 57564 万元，所得税 217.55 万元，净利润 14285.45 万元。

(2)技术要素分配系数。该项目为交通燃料类车用 CNG 科技成果，依据表 5-11，交通燃料利用技术要素分配系数取值 0.3。

(3)技术级序分配系数。该科技成果新增的 CNG 量仅为该科技成果的贡献，则技术级序分配系数 J_Y 为 1。

(4)技术创新分配系数。技术创新分配系数：
$$T_Y = (A_1 + A_2 + A_3 + A_4 + A_5) / 5 = 415/100/5 = 0.83$$

(5)科技成果经济价值分配率。根据式(5-27)，该科技成果经济价值分配率为
$$F_Y = Y_Y J_Y T_Y = (0.30 \times 1 \times 0.83) \times 100\% = 24.9\%$$

2. 单项交通燃料科技成果经济价值

依据收益分成法，单项交通燃料科技成果经济价值：

单项输气科技成果经济价值=交通燃料项目净利润×单项交通燃料科技成果经济价值分配率=14285.45×24.9%≈3557.08(万元)

因此，2015～2021 年，该科技成果应用的 CNG 营业收入 72067 万元，净利润 14285.45 万元，技术要素分配系数为 0.30，技术级序分配系数为 1；技术创新分配系数 0.83。科技成果经济价值分配率为 24.9%，经济效益为 3557.08 万元。

二、X 天然气分布式能源科技成果经济价值评估

(一)科技成果创新简介

技术方案为三套 16MW 级燃气轮机组，主要由发电设备、余热利用设备、调峰设备及相关主辅设备构成。设计采用发电机形式以燃气轮机、燃气内燃机和微燃机为主。技术具有发电、供热、供冷等多种能源服务功能。

能源供应安全性高。热电系统一般采取并网方式设计，大电网与三联供发电机组互为备用，因此相当于为用户增加了一路常用供电系统，提高了供电的可靠性。采用热电系统后可以使用发电机的余热供热，对用户来说相当于增加了蒸汽负荷的可靠性。

烟气中 NO_x 等成分远低于相关环保指标要求，具有较好的环保效益。热电特点之一是建设集中的热源、管网，取代分散的、小型的、低效率的锅炉，从而达到节约能源、保护环境、使用方便的目的。尤其适用于常年性热负荷稳定的工业区。集中供热电冷的热源点集中，供热量较大，便于进行热网的综合管理和调度。

(二)经济效益评估

1. 单项天然气利用科技成果经济价值评估参数确定

(1)净利润。该分布式能源项目年利用时间 7000h，年发电量 303996MW·h，年实际供电量 282716.28MW·h，年供热量 166.424 万 GJ，年实际供热量 158.10 万 GJ，售热价 75.4 元/GJ。2019～2021 年

实际收入 68184 万元，净利润 4885.6 万元，预计 2022～2038 年收入 36.3648 亿元，净利润 26094 万元。

(2)技术要素分配系数。该成果为发电类分布式能源利用科技成果，依据表 5-11，发电类分布式能源利用技术要素分配系数取值 0.3。

(3)技术级序分配系数。根据用气科技成果创新点，涉及一级、二级、三级分布式能源技术体系综合应用，依据表 3-7 进行赋权，结果见表 8-10，代入式(5-29)：

$$J_Y = \Sigma \left[J_{Yi} \times \Sigma (J_{Yij} \times \Sigma J_{Yijm}) \right]$$
$$= 0.25 \times (0.3 \times 0.9 + 0.25 \times 0.9 + 0.25 \times 0.9 + 0.2 \times 0.9) + 0.30 \times (0.2 \times 0.9$$
$$+ 0.3 \times 0.9 + 0.5 \times 0.9) + 0.3 \times (0.2 \times 1 + 0.3 \times 1 + 0.5 \times 1) + 0.15 \times$$
$$(0.4 \times 0.95 + 0.35 \times 0.95 + 0.25 \times 0.95)$$
$$= 0.25 \times 1 \times 0.9 + 0.3 \times 1 \times 0.9 + 0.3 \times 1 + 0.15 \times 1 \times 0.95 = 0.9375$$

表 8-10　一级、二级、三级分布式能源技术级序设计与功能价值系数赋权建议表

一级技术名称(J_i)/价值指数	二级技术名称(J_{ij})/价值指数	三级技术名称(J_{ijm})/价值指数
天然气发电配气工程/0.25	配气管网设计施工/0.30	0.9
	配送与调配/0.25	0.9
	配气地面工程/0.25	0.9
	配气管网完整性/0.20	0.9
天然气发电设计施工/0.30	发电配气设计施工/0.20	0.9
	常规发电设计施工/0.30	0.9
	分布式能源发电设计施工/0.50	0.9
天然气发电装备工程/0.30	发电配气装备/0.20	1
	常规发电装备/0.30	1
	分布式能源发电装备/0.50	1
天然气发电保障工程/0.15	供气调峰保障/0.40	0.95
	安全运行保障/0.35	0.95
	抢险维护保障/0.25	0.95

(4)技术创新分配系数。技术创新分配系数

$$T_Y = (A_1 + A_2 + A_3 + A_4 + A_5)/5 = 458/100/5 = 0.916$$

(5)科技成果经济价值分配率。根据式(5-27)，该分布式能源科技成果经济价值分配率为

$$F_Y=Y_YJ_YT_Y=(0.3\times0.9375\times0.916)\times100\% \doteq 25.76\%$$

2. 单项科技成果经济价值

依据收益分成法，单项分布式能源科技成果经济价值：

单项分布式能源科技成果经济价值=分布式能源项目净利润×单项分布式能源科技成果经济价值分配率=4885.6×25.76% ≐ 1258.53(万元)

单项分布式能源科技成果预期经济价值=分布式能源项目预期净利润×单项分布式能源科技成果经济价值分配率=26094×25.76% ≐ 6721.81(万元)

因此，该科技成果 2019~2021 年在 X 分布式能源利用工程实际净利润 4885.6 万元，技术要素分配系数为 0.3，技术级序分配系数为 0.9375；技术创新分配系数 0.916。科技成果经济价值分配率为 25.76%，经济效益为 1258.53 万元。

预计 2022~2038 年财务净利润为 26094 万元。按照科技成果经济价值分配率 25.76%进行测算，预计经济效益为 6721.81 万元。

第四节 天然气产业链其他增效类科技成果经济价值评估

(一) X 低渗碳酸盐岩储层改造液体技术及应用

1. 科技成果创新简介

"X 低渗碳酸盐岩储层改造液体技术及应用"主要科技创新点：研发了高温自生酸及自生酸前置液技术，大幅增加了高温下酸液有效作用距离；研发了一种磺酸盐甜菜碱基类高温转向酸技术，提高了高温非均质性储层布酸的均匀程度；研发了一种低摩阻高温胶凝酸技术，

腐蚀速率满足行业一级标准要求，增加了酸液的有效作用距离；研发了高温酸液评价实验装置及方法。发明了可回流酸蚀裂缝导流能力测试装置及方法，发明了与现场实际数据吻合率高达 90%以上的耐酸管路摩阻仪，首次实现了高黏酸液（最高 800mPa·s）摩阻的精确测试。该项目获授权发明专利 2 件、实用新型专利 1 件，获得集团公司自主创新重要产品 1 项，技术秘密 1 项，制定标准 1 项，发表学术论文 8 篇等。

2. 科技成果经济价值评估

1）单项其他增效类科技成果经济价值评估参数确定

（1）净利润。截至 2018 年底，该研究成果在 X 储层开展现场应用，由于酸化液体技术的进步减少了井位部署，从而节约钻井投资 1.238 亿元。

（2）技术要素分配系数。节约投资成本为降本增效类，根据表 5-13，降本增效类技术要素分配系数 Y_Q 取 0.50。

（3）技术创新分配系数。该科技成果为部分自主创新，技术创新分配系数 T_Q 取 0.85。

（4）科技成果经济价值分配率。根据式（5-32），降本增效类科技成果经济价值分配率：

$$F_Q=Y_QT_Q=(0.50×0.85)×100\%=42.5\%$$

2）单项科技成果经济价值

依据收益分成法，降本增效类科技成果经济价值：

降本增效类科技成果经济价值=Σ（新增净利润

×技术成果经济价值分配率）$_i$

=12380×42.5%=5261.5（万元）

因此，该科技成果应用于 X 低渗碳酸盐岩储层开发，由于酸化液体技术的进步减少了井位部署，从而节约钻井投资 1.238 亿元；技术要素分配系数为 0.5，技术创新分配系数为 0.85，科技创新成果经济价值分配率为 42.5%，科技成果降本增效的经济价值为 5261.5 万元。

(二)含硫天然气高效净化与尾气处理新技术应用

1. 科技成果创新简介

形成具有自主知识产权的环流式液相氧化还原 CT-LOP 工艺包。该工艺包可对酸气中硫化氢脱除及硫磺回收过程提供详细的物料流程图、工艺管道及仪控流程图、设备数据表、管道和设备的材料选择、反应器及罐体结构简图,首次实现该类工艺包的国产化,成果整体达到国内领先水平。

集成创新形成国内首套适用于含硫尾气深度脱出 H_2S 的新型还原吸收尾气处理工艺 CT-LOS 及配套脱硫溶剂。针对硫磺回收加氢尾气碳硫比大、吸收压力低,常规方法无法满足 H_2S 高选择性脱出的缺点,研发了对 H_2S 具有良好脱除效果的溶剂体系。研发的还原吸收尾气处理工艺 CT-LOS 及配套脱硫溶剂技术达到国内领先水平。

率先形成了 825 合金双金属复合管的构建技术指标、评价方法、技术标准规范和地面集输应用导则。首次牵头制定 4 份企业标准,成果整体达到国内领先水平。

2. 科技成果经济价值评估

1)单项其他增效类科技成果经济价值评估参数确定

(1)净利润。截至 2018 年,在 X 炼化厂、X 净化厂等应用该科技成果,累计销售高尾脱硫溶剂 214t,价差 4.6 万元/t,共销售低潜硫气体的液相氧化还原脱硫溶剂 974t,价差 2 万元/t。

$$
\begin{aligned}
税金及附加费 &= [新产品销量 \times (新产品销售单价 - 新产品单位成本) \\
&\quad \times 增值税率 \times (城市维护建设税率 + 教育费附加税率)] \\
&= 2932.4 \times 9\% \times (7\% + 5\%) \doteq 31.67(万元)
\end{aligned}
$$

$$
\begin{aligned}
利润总额 &= 新产品销量 \times (新产品销售单价 - 新产品单位成本) \\
&\quad - 税金及附加费 \\
&= (214 \times 4.6 + 974 \times 2) - 31.67
\end{aligned}
$$

　　　　＝2932.4－31.67＝2900.73(万元)

　　新增净利润＝Σ(利润总额－所得税)$_i$

　　　　＝2900.73－2900.73×15%≒2465.62(万元)

　　(2)技术要素分配系数。该项科技成果属干新产品类,根据表5-13,新产品类技术要素分配系数取 0.70。

　　(3)技术创新分配系数。该科技成果为完全自主创新,技术创新分配系数取 0.92。

　　(4)科技成果经济价值分配率。根据式(5-32),科技成果经济价值分配率:

$$F_Q=Y_QT_Q=(0.7×0.92)×100\%=64.4\%$$

　2) 单项科技成果经济价值

　　依据收益分成法,新产品科技成果经济价值:

　　新产品类科技成果经济价值＝Σ(新增净利润×技术成果经济价值分配率)$_i$

$$=2465.62×64.4\%≒1587.86(万元)$$

　　因此,截至 2018 年,在 X 炼化厂、X 净化厂等应用该科技成果,累计销售高尾脱硫溶剂 214t、低潜硫气体的液相氧化还原脱硫溶剂 974t,新增净利润共计 2465.62 万元;技术要素分配系数为 0.7,技术创新分配系数为 0.92,经济价值分配率为 64.4%,新产品科技成果经济价值为 1587.86 万元。

(三)含硫酸性气处理用系列催化剂及无害化处理技术研发与工业应用

1. 科技成果创新简介

　　建立了模拟工况条件下硫磺回收催化剂动力学研究方法。为深入认识有机硫反应、钛基催化剂的推广应用和硫磺回收过程模拟软件开发等工作提供了可信的基础数据。

　　首次提出加氢催化剂和水解催化剂组合使用理念。低温加氢/水解催化剂在节能降耗的同时提高了催化剂的加氢和水解性能，尾气 SO_2 排放浓度低于 $400mg/m^3$，能耗降低 10% 以上，达到国际领先水平。

研发了在中温条件下高有机硫水解活性钛基硫磺回收催化剂。解决了克劳斯反应器有机硫水解率低的重大技术难题，保障了硫磺回收装置的高收率。

成功实现低运行成本硫化氢选择性氧化制硫催化剂国产化。硫化氢选择性氧化制硫催化剂成功国产化后，成本降幅较大，中小规模装置应用选择性氧化工艺替代加氢还原工艺，装置投资和运行成本均大幅降低。

开发了干法脱硫富剂资源化利用技术。在无新增设备前提下，攻克脱硫废剂掺烧制水泥中尾气硫排放超标难题，最大限度发挥了水泥制备工艺固硫作用，脱硫废剂有效硫固化率达到 98.5% 以上，实现尾气达标排放。

开发的硫磺回收催化剂形成系列化，能够实现二氧化硫含量达标排放。

2. 科技成果经济价值评估

1) 单项其他增效类科技成果经济价值评估参数确定

(1) 净利润。2015～2018 年，利用该科技成果研发的新产品在国内炼油厂、天然气净化厂和煤化工厂的 75 套硫磺回收及尾气处理装置上应用。共计应用 10000 余吨，替代原产品新增加净利润 4538.61 万元。

税金及附加费＝[换代产品销量×(换代产品销售单价−换代产品单位
　　　　　　成本)−原产品销量×(原产品销售单价−原产品单位
　　　　　　成本)]×增值税率×(城市维护建设税率+教育费附加
　　　　　　税率)

　　　　　　＝5397.84×9%×(7%+5%)≒58.30(万元)

利润总额＝(原工艺技术消耗总额−新工艺技术消耗总额)
　　　　　　−税金及附加费

　　　　　　＝5397.84−58.30＝5339.54(万元)

新增净利润＝Σ(利润总额－所得税)$_i$

$$=5339.54-5339.54×15\%$$

$$\doteq4538.61(万元)$$

(2)技术要素分配系数。该项科技成果属于换代产品类，根据表 5-13，换代产品类技术要素分配系数取 0.6。

(3)技术创新分配系数。该科技成果为完全自主创新，技术创新分配系数取 0.95。

(4)科技成果经济价值分配率。根据式(5-32)，科技成果经济价值分配率：

$$F_Q=Y_QT_Q=(0.6×0.95)×100\%=57\%$$

2)单项科技成果经济价值

依据收益分成法，换代产品科技成果经济价值：

换代产品科技成果经济价值＝Σ(新增净利润×技术成果经济价值
分配率)$_i$

$$=4538.61×57\%\doteq2587.01(万元)$$

因此，2015～2018 年共计应用 10000 余吨，换代产品新增加净利润 4538.61 万元；技术要素分配系数为 0.6，技术创新分配系数为 0.95，科技创新成果经济价值分配率为 57%，换代产品科技成果经济价值为 2587.01 万元。

第五节　天然气勘探开发产业科技成果社会价值评估

一、增储项目社会价值评估

(一)科技成果创新点

详见本章第一节单项增储和增产类科技成果经济价值评估案例：X 储层勘探评价理论技术创新与万亿立方米规模增储。

(二)科技成果社会价值评估

1. 天然气商品总量

2018~2019 年新增探明地质储量 1281.16 亿 m³，新增控制储量 523.84 亿 m³。2017~2019 年新增天然气销售量 41.4 亿 m³。

2. 科技成果社会价值评估

1)生态环境价值

燃烧 1 亿 m³ 天然气释放的热量相当于燃 13.30 万 t 标煤释放的热量。单位天然气利用综合减排强度(W_{sz})为 23.73 万 t/亿 m³。2017~2019 年该科技成果新增天然气销售量 41.4 亿 m³，区域综合减排 982.42 万 t。

2)社会价值

以国家统计局中国经济景气监测中心对川渝地区的实证分析计算为依据，每生产 1m³ 天然气可带动地区生产总值增加 8.61 元。2017~2019 年该科技成果新增天然气销售量 41.4 亿 m³，实现天然气产业带动地区生产总值 356.45 亿元。

3)能源安全价值

2018~2019 年新增探明地质储量 1281.16 亿 m³，新增控制储量 523.84 亿 m³。2017~2019 年新增天然气销售量 41.4 亿 m³，有效降低天然气对外依存度。

3. 单项科技成果社会价值评估

根据天然气产业链区域社会价值分配评估方法，依据式(5-46)，按照产业链区域社会价值分配系数(S_{ci})取值参考表 5-22，Z 为 1.41，该增产科技成果经济价值分配系数 F_p 为 0.38。则

$$S_{ci}=F_p/Z=0.38/1.41\times100\% \doteq 26.95\%$$

依据式(5-49)、式(5-36)：

单项科技成果天然气商品量分配额度＝天然气商品量×单项科技成果天然气商品量分配系数

单项科技成果社会价值：$S_{sk}＝S_z F_{sk}$。

单项科技成果实现区域综合减排的价值贡献为 982.42 万 t×26.95%≒264.76 万 t。

单项科技成果实现天然气产业带动地区生产总值的价值贡献为 356.45 亿元×26.95%≒96.06 亿元。

1m³ 天然气商品量中，单项科技成果的价值贡献量为 41.4 亿 m³×26.95%≒11.16 亿 m³。

(三)社会价值评估结果

2017～2019 年该科技成果新增天然气销售量 41.4 亿 m³，区域综合减排 982.42 万 t，单项科技成果实现区域综合减排的价值贡献为 264.76 万 t；实现天然气产业带动地区生产总值 356.45 亿元，单项科技成果实现天然气产业带动地区生产总值的价值贡献为 96.06 亿元；1m³ 天然气商品量中，单项科技成果的价值贡献量为 11.16 亿 m³，有效降低了天然气对外依存度，保障了能源供应安全。

二、增产项目社会价值评估

(一)科技成果创新点

主要创新点：发展了低孔碳酸盐岩气藏储层高产成因识别理论与优化开发技术；建立了特大型低孔非均质气田整体高效建井技术；形成了特大型含硫气田优质快速建产技术，以及含硫气田环境安全升级技术。

与国内外同类技术相比，该项目创造了天然气高效开发新纪录，使我国进入规模效益开采复杂天然气资源世界先进国家行列。知识产权：授权发明专利 20 件、登记软件著作权 32 项；出版专著 3 部，发表论文 50 篇；制(修)订国家及行业标准 8 项。

(二)科技成果社会价值评估

1. 天然气商品总量

某段气藏天然气探明技术可采储量计算结果为 1447.93 亿 m³，属大型气藏，预计 2015～2045 年累计天然气产量将达到 996 亿 m³，天然气累计销量为 926 亿 m³。

2. 科技成果社会价值评估

1)生态环境价值

燃烧 1 亿 m³ 天然气释放的热量相当于燃烧 13.30 万 t 标煤释放的热量。单位天然气利用综合减排强度(W_{sz})为 23.73 万 t/亿 m³。预计 2015～2045 年天然气累计销量 926 亿 m³，区域综合减排 21973.98 万 t。

2)社会价值

以国家统计局中国经济景气监测中心对川渝地区的实证分析计算为依据，每生产 1m³ 天然气可带动地区生产总值 8.61 元。2015～2045 年天然气累计销量 926 亿 m³，实现天然气产业带动地区生产总值 7972.86 亿元。

3)能源安全价值

某段气藏天然气探明技术可采储量计算结果为 1447.93 亿 m³，属大型气藏，预计 2015～2045 年累计天然气产量将达到 996 亿 m³，天然气销量为 926 亿 m³，有效降低了天然气对外依存度。

3. 单项科技成果社会价值评估

根据天然气产业链区域社会价值分配评估方法，依据式(5-46)，按照产业链区域社会价值分配系数(S_{ci})取值参考表 5-22，Z 为 1.41，该增储科技成果经济价值分配系数 F_r 为 0.45。则

$$S_{ci} = F_r/Z = 0.45/1.41 \times 100\% \doteq 31.91\%$$

依据式(5-49)、式(5-36)

单项科技成果天然气商品量分配额度＝天然气商品量×单项科技成果天然气商品量分配系数

即

$$S_{sk} = S_z F_{sk}$$

单项科技成果区域综合减排的价值贡献为 21973.98 万 t×31.91%≒7011.9 万 t。

单项科技成果实现天然气产业带动地区生产总值的价值贡献为 7972.86 亿元×31.91%≒2544.14 亿元。

$1m^3$ 天然气商品量中，单项科技成果的价值贡献量为 926 亿 m^3×31.91%≒295.49 亿 m^3。

(三)社会价值评估结果

2015 年该科技成果天然气探明技术可采储量计算结果为 1447.93 亿 m^3，预计 2015～2045 年新增天然气销售量 926 亿 m^3，区域综合减排 21973.98 万 t，单项科技成果实现区域综合减排中的价值贡献为 7011.9 万 t；实现天然气产业带动地区生产总值 7972.86 亿元，单项科技成果实现天然气产业带动地区生产总值的价值贡献为2544.14亿元；$1m^3$ 天然气商品量中，单项科技成果的价值贡献量为295.49 亿 m^3，有效降低了天然气对外依存度，保障了能源供应安全。

主要参考文献

布莱恩·阿瑟, 2014. 技术的本质[M]. 曹东溟, 王健, 译. 杭州: 浙江人民出版社.

常毓文, 梁涛, 赵喆, 2017. 油气大趋势[M]. 北京: 石油工业出版社.

成素梅, 2017. 科学技术哲学国际理论前沿[M]. 上海: 上海社会科学院出版社.

戴厚良, 2021. 发挥新型举国体制优势实施国家科技重大专项支撑引领油气行业高质量发展[J]. 石油科技论坛, 40(3): 3-4.

刁顺, 2014. 中国石油技术有形化[M]. 北京: 石油工业出版社.

方茜, 2019. 现代化经济体系建设与科技成果转移转化的关系研究——基于解释结构模型的分析[J]. 软科学, 33(6): 18-23.

傅诚德, 2017. 科学方法论及典型应用案例[M]. 北京: 石油工业出版社.

富兰克林·亨利·吉丁斯, 2013. 关于利润分享制理论[J]. 杨洁, 译. 文史博览(理论)(5): 52-53.

高兴佑, 高文进, 2015. 自然资源价格理论与实践[M]. 北京: 光明日报出版社.

辜穗, 李林洪, 周小玲, 等, 2017a. 天然气科技创新战略绩效管理——以西南油气田为例[J]. 石油科技论坛, 36(4): 26-30.

辜穗, 罗旻海, 王丹, 等, 2017b. 对加快推进油气技术价值化的思考[J]. 国际石油经济, 25(7): 95-100.

辜穗, 党录瑞, 杜啸天, 等, 2019. 天然气产业可持续发展机制[J]. 天然气工业, 39(2): 117-123.

辜穗, 任丽梅, 杨雅雯, 2019. 油气科技绩效评估现状及发展对策[J]. 石油科技论坛, 38(3): 23-28, 38.

辜穗, 敬代骄, 刘维东, 等, 2021. 中国油气科技创新绩效评估体系构建[J]. 天然气与石油, 39(2): 129-134.

郭秀英, 2012. 区间数指标权重确定的熵值法改进[J]. 统计与决策(17): 32-34.

何春蕾, 王柏苍, 辜穗, 等, 2022. 四川盆地致密砂岩气产业可持续高质量发展战略管理[J]. 天然气工业, 42(1): 170-175.

胡勇, 姜子昂, 何春蕾, 等, 2015. 天然气产业科技创新体系研究与实践——以西南天然气战略大气区建设为例[M]. 北京: 科学出版社.

贾爱林, 2018. 中国天然气开发技术进展及展望[J]. 天然气工业, 38(4): 77-86.

姜子昂, 周建, 辜穗, 等, 2018. 我国技术要素价格市场化定价方法研究——以油气技术为例[J]. 价格理论与实践(10): 129-132.

姜子昂, 辜穗, 任丽梅, 2019. 我国油气技术价值分享理论体系及其构建[J]. 天然气工业, 39(9): 140-146.

姜子昂, 辜穗, 任丽梅, 等, 2020. 油气科技创新价值分享理论研究与应用[M]. 北京: 科学出版社.

姜子昂, 刘申奥艺, 辜穗, 等, 2021. 构建油气勘探开发技术要素收益分成量化模型[J]. 天然气工业, 41(3): 147-154.

姜子昂, 辜穗, 彭彬, 等, 2022. 油气科技创新成果收益递进分成法的构建——以油气勘探开发为例[J]. 天然气工业, 42(5): 148-155.

匡立春, 钟太贤, 傅国友, 等, 2021. 企业为主体"举国体制"创新体系探索与实践[J]. 石油科技论坛, 40(3): 80-86.

李鹭光, 2011. 四川盆地天然气勘探开发技术进展与发展方向[J]. 天然气工业, 31(1): 1-6, 107.

刘斌, 2020. 地下储气库建设项目经济评价方法与实例[J]. 天然气技术与经济, 14(5): 58-65.

刘文霞, 宋琳, 钱振华, 2015. 科学技术哲学导论[M]. 北京: 知识产权出版社.

陆娇, 毛开云, 赵晓勤, 2017. 国际科技评估方法与实践[M]. 北京: 科学出版社.

马新华, 谢军, 2018. 川南地区页岩气勘探开发进展及发展前景[J]. 石油勘探与开发, 45(1): 161-169.

马新华, 郑得文, 魏国齐, 等, 2022. 中国天然气地下储气库重大科学理论技术发展方向[J]. 天然气工业, 42(5): 93-99.

马新华, 2017. 天然气与能源革命——以川渝地区为例[J]. 天然气工业, 37(1): 1-8.

马旭红, 唐正繁, 2017. 第三方评估的实证理论与实证探索[M]. 成都: 西南交通大学出版社.

欧文・费雪, 2022. 资本和收入的性质[M]. 谷宏伟, 卢欣, 译. 北京: 商务印书馆.

彭元正, 董秀成, 2017. 中国油气产业发展分析与展望报告蓝皮书(2016－2017)[M]. 北京: 中国石化出版社.

钱雪松, 孔东民, 2012. 内部人控制、国企分红机制安排和政府收入[J]. 经济评论(6): 15-24, 64.

上海社会科学院信息研究所, 上海科学技术情报研究所, 2015. 科技创新辞典[M]. 上海: 上海社会科学院出版社.

时勘, 曲如杰, 2018. 科技创新的影响因素研究[M]. 北京: 北京师范大学出版社.

宋娇娇, 徐芳, 孟溦, 2021. 中国科技评价政策的变迁与演化: 特征、主题与合作网络[J]. 科研管理, 42(10): 11-19.

汤姆・科普兰, 蒂姆・科勒, 杰克・默林, 2002. 价值评估: 公司价值的衡量与管理[M]. 郝绍伦, 谢关平, 译. 北京: 电子工业出版社.

唐纳德・E・坎贝尔, 2013. 激励理论: 动机与信息经济学[M]. 王新荣, 译. 北京: 中国人民大学出版社.

田永坡, 蔡学军, 李倩, 2015. 创新驱动背景下我国技术要素参与收入分配的政策研究[J]. 中国人力资源开发(11): 66-70.

汪雪锋, 张硕, 刘玉琴, 等, 2018. 中国科技评价研究 40 年: 历史演进及主题演化[J]. 科学学与科学技术管理, 39(12): 67-80.

王化成, 李春玲, 卢闯, 2007. 控股股东对上市公司现金股利政策影响的实证研究[J]. 管理世界(1): 122-127, 136, 172.

王娟, 2018. 基于企业技术创新的管理会计国外研究动态回顾与启示[J]. 财会月刊(3): 151-157.

王雅俊, 王书斌, 2010. 分享经济理论进展与中国模式选择[J]. 经济论坛(2): 46-49.

吴恺, 2015. 科学价值论[M]. 北京: 中国社会科学出版社.

徐苑琳, 孟繁芸, 2018. 推进科技成果转化的技术预见研究[J]. 科学管理研究, 36(5): 42-45.

许秀梅, 2016. 企业技术资本配置与价值驱动策略研究[M]. 北京: 中国财政经济出版社.

杨海军, 2017. 中国盐穴储气库建设关键技术及挑战[J]. 油气储运, 36(7): 747-753.

曾大乾, 张俊法, 张广权, 等, 2020. 中石化地下储气库建库关键技术研究进展[J]. 天然气工业, 40(6): 115-123.

曾世辉, 廖昆生, 原虎军, 2019. 油气管道及储运设施安全保障技术发展现状及展望[J]. 石化技术, 26(9): 217, 219.

曾义金, 2019. 深层页岩气开发工程技术进展[J]. 石油科学通报, 4(3): 233-241.

张道伟, 2021. 四川盆地未来十年天然气工业发展展望[J]. 天然气工业, 41(8): 34-45.

张立军, 赵芳芳, 2016. 基于熵权物元分析的科技成果评价模型及应用[J]. 科技管理研究, 36(6): 63-66.

张硕, 陶蕊, 施筱勇, 2021. 中国科技评价研究热点述评[J]. 科技管理研究, 41(18): 58-65.

张永安, 耿喆, 李晨光, 等, 2016. 区域科技创新政策对企业创新绩效的影响效率研究[J]. 科学学与科学技术管理, 37(8): 82-92.

郑雅丽, 完颜祺琪, 邱小松, 等, 2019. 盐穴地下储气库选址与评价新技术[J]. 天然气工业, 39(6): 123-130.

郑烨, 2017. 创新驱动发展战略与科技创新支撑: 概念辨析、关系厘清与实现路径[J]. 经济问题探索(12): 163-170.

中共中央文献研究室, 2016. 习近平关于科技创新论述摘编[M]. 北京: 中央文献出版社.

周均旭, 刘子俊, 2022. 创新价值链视角下人力资本结构高级化对科技创新的影响: 兼论研发投入的门槛效应[J]. 科技管理研究, 42(10): 115-122.

周伟, 宁煊, 2021. 基于产业转移升级的创新收益分配研究——以京津冀城市群为例[J]. 中国科技论坛(12): 52-61.

朱彦元, 2013. 中国国民经济生产函数研究[M]. 上海: 同济大学出版社.

庄三红, 2016. 劳动价值论的时代化研究[M]. 北京: 中国社会科学出版社.